亞洲週刊「香港評論」與《獨家》微信平台「中環一筆」攜手推出

香港拒絕傲慢與偏見

屈穎妍
雷鼎鳴
阮紀宏
邱立本
潘麗瓊
陳莊勤
楊志剛
邵盧善
陳建強
何漢權
劉瀾昌
周八駿
李春
江迅
（排名不分先後）

明報

作者簡介

屈穎妍

傳媒人、作家。曾任《壹週刊》副總編輯、香港浸會大學新聞系兼任講師，現為香港電台親子節目主持及《頭條日報》、《大公報》、《經濟通》等專欄作家。著作有時評集《既是紅底又如何》、親子叢書《怪獸家長》系列、傳記文學《石破天驚》、《火樹飛花》、《鹹酸苦辣甜》等十多本作品。

阮紀宏

先後在加拿大溫莎大學、香港中文大學和北京大學獲得學士、碩士和博士。曾任香港《文匯報》記者、駐京記者，《香港商報》編輯主任、副總編輯，《明報》副總編輯、副主筆。現於香港浸會大學與北京師範大學合辦的聯合國際學院任教新聞專業，並在香港多間媒體撰寫評論。

雷鼎鳴

芝加哥大學經濟學學士，明尼蘇達大學經濟學博士，香港科技大學榮譽大學院士。曾任香港科技大學經濟系系主任，一九九一年獲美國紐約州立大學經濟系終身教職。曾在國際頂尖學術期刊發表多篇論文，並著有《民主民生的經濟解讀》、《幫香港算算賬》等十三本作品。

邱立本

《亞洲週刊》總編輯。二零零六、二零零八及二零一二年被中國網民選為一百位公共知識分子之一。二零一零年獲星雲真善美新聞獎；二零一一年獲 SOPA 最佳評論獎。畢業於台灣國立政治大學經濟系，曾任台北《中國時報》編譯，獲紐約 New School Social Research 碩士，柏克萊加州大學研究員。曾出版《匆忙的文學》、《新聞激情筆記》、《文字冒險家》、《保釣．風雲．急》、《香港民主不能失去中國》、《誰讓「港獨」的子彈飛？》、《民間中華爆發力》、《ABC 改變中美未來》、《任正非對決特朗普》等。

陳莊勤

資深律師、香港民主黨創黨成員。早於上世紀七十年代中學時期參與第一次保釣運動，在大學年代為香港大學學生會核心活躍分子。過去三十多年一直關心香港及中國內地政治及社會發展，不時發表政論及社會觀察文章。

潘麗瓊

香港資深傳媒人。畢業於香港大學，曾任《信報》編輯、《明報》採訪主任、《東週刊》及《壹週刊》副總編輯、天地出版社副總編輯及香港電台《自由風自由 Phone》客席主持人。現為《頭條日報》及《明報》專欄作者，撰寫專欄《幸福摩天輪》及《女人心》。

楊志剛

香港大學學士，香港中文大學哲學碩士，原香港中文大學新聞傳播專業應用教授、香港浸會大學協理副校長。

邵盧善

香港電台前台長、助理廣播處長，曾任《工商日報》副社長及總編輯、社會政策研究顧問有限公司總裁。

陳建強

香港專業人士協會會長及傑出青年協會副主席，銅紫荊星章，太平紳士，二零零四年香港十大傑出青年。身兼香港電台顧問委員會主席、香港城市大學校董會成員、優質教育基金委員會委員等公職，曾參與帶領基本法推廣督導委員會海外人士工作小組召集人，並定期於電視、電台、多份中英文報章及週刊發聲。

何漢權

現職國史教育中心（香港）校長、風采中學校董、教育評議會主席、香港大學中史碩士同學會會長及中華歷史文化獎勵基金會主席；《信報》、《星島日報》、《大公報》及《亞洲週刊》特約專欄作者，常就教育政策、學生成長、生命教育、教學專業及國史等課題在各大報章撰文，被大專院校及中小學邀請擔任講者；現亦為香港電台節目顧問、團結香港基金顧問、全國港澳研究會理事、深圳大學饒宗頤文化研究院客座教授。散文著作有《有教無懼》、《驕陽引路》、《是一場春風化雨》、《教育茶餐廳》及《全在教育》，學術著作有《曾國藩家庭教育思想》、《危機與出路：香港特別行政區回歸前後中學中國歷史（國史）科》及《回歸二十年——香港青年政策何去何從》等。

劉瀾昌

香港資深傳媒工作者，時事評論員。中國人民大學新聞系學士、碩士和博士。曾任職香港《開放雜誌》、《經濟日報》、《星島日報》、《蘋果日報》、鳳凰衛視、亞洲電視等媒體；策劃製作《解密百年香港》等電視特輯；主持政論節目《把酒當歌》。著有《香港一國兩制下的新聞生態》、《aTv 絕密文件》等。

李 春

現任台灣聯合報系香港特派員。自大學新聞系畢業後，一直駐足新聞採訪前線，同時在香港、台灣、美國等地報章雜誌撰寫多個專欄。

周八駿

香港資深評論員。發表關於中國改革開放和香港問題的著作七部，評論逾千篇。

江 迅

《亞洲週刊》副總編輯，中國作家協會會員，香港新聞工作者聯會理事。獲二十多項港、滬、京等地文學獎和新聞獎。在上海、台北、吉隆坡、香港、新加坡多家傳媒撰寫專欄文章。已出版《朝鮮是個謎》、《倪匡傳：哈哈哈哈》等二十多部作品。

序言　香港拒絕傲慢與偏見

邱立本

香港回歸前後的歷史，就是一部拒絕傲慢與偏見的歷史。在一九九七年回歸前夕，美國著名的《財富雜誌》（Fortune）就推出一個封面故事，標題赫然是《香港之死》（Death of Hong Kong），說在回歸之後，香港的經濟就會一落千丈，民主派的人就會被戴上枷鎖逮捕，過去被視為英國女王皇冠上的《東方之珠》就會黯然褪色，昔日的光芒，成為歷史的記憶。

這篇封面故事推出後，香港很多居民人心惶惶，不少人加快移民的步伐，紛紛前往加拿大、澳洲、新西蘭等地定居。他們都不願意生活在一個死亡了的香港，也不忍心看到維多利亞港的璀璨夜色熄滅。

但回歸二十多年後，香港不僅沒有死亡，還在不同領域上突飛猛進。它的經濟成長率勝過了英國，它的人均 GDP 也勝過了昔日「四小龍」的優等生台灣與韓國。很多當年移民到加拿大、澳洲與新西蘭的香港人，大部分又回到這個城市，因為只有在繁榮的香港，他們才能找到合適工作，而不是在異鄉當寓公，或是去當低薪的藍領或是白領。他們也許曾經抱怨香港沒有足夠的民主，但如今卻選擇用腳投票，回到這個讓他們在他鄉夢縈魂牽的故鄉。

但故鄉的「販賣恐懼」還是熱門的生意。一些媒體和政治組織，每天的主旋律就是「唱衰香港」，說這城市由於沒有全民普選，所以一切都是不堪。猶憶半年前香港高鐵的「一地兩檢」，泛民等反對派激烈反對，說只要一旦通過「一地兩檢」，香港的「一國兩制」就會崩壞，香港的自由就會流逝。一位公民黨的議員甚至說，香港人只要走到西九龍站附近，就會被來自中國大陸的特務綁架回去。種種聳人聽聞的說詞，讓一些香港人都嚇壞了。

但自從高鐵的新九龍站通車，一地兩檢的運作良好，香港人都感到極為方便。但如果翻閱當時泛民勢力的言論，就會覺得是一個「販賣恐懼」的大笑話。

但同樣的，今天反對派又在「逃犯條例」的討論中「販賣恐懼」，說一旦法案通過，也就失去「一國兩制」，香港就會萬劫不復，很多人就會被移送到大陸受審，被關進大牢中。他們甚至在全球遊說，將這種「販賣恐懼」延伸到國際舞台。

但香港人愈來愈能夠看穿這樣的「販賣恐懼」，因為背後其實就是根深蒂固的「傲慢與偏見」——不相信香港的明天會更好，也不相信中國的明天會更好。他們其實就是「逢中必反」，要將中國的一切都鬥垮鬥臭。他們壓根兒不能接受香港的回歸，認為香港只有在英國人的統治下才會更好，而無視中國近二三十年的進步，很多方面已經超越了英國與美國。

但也是在香港這樣的政治氛圍中，香港人需要勇敢地站起來，是其是、非其非，而不是被那些眷戀殖民統治的「戀殖派」牽着鼻子走。香港需要拒絕傲慢與偏見，讓香港不會被這些輿論「謀殺死亡」，而是要在政治的抹黑中，迎向風暴、迎向沒有傲慢與偏見的陽光。

目錄

第一章
販賣恐懼的一群人

第二章
用語言構建的政治想像

第三章

「排內思潮」風起雲湧

第四章
新政爭掀起的攻防戰

第五章 前車為鑑　放下偏見

第一章

販賣恐懼的一群人

香港，人狂必有禍

潘麗瓊

天狂必有雨，人狂必有禍；做人及做事，都不能太過。

撇開政見，這句話說出了城市被亢奮騎劫，失去理智。失卻同理心和道德底線，捲進大國角力的鬥爭而不自知。

任何政治主張，當認為自己是真理、有權暴力襲警、掘磚、霸路，擾亂治安，「隊冧」香港！這種行為如吃了春藥，入了邪教。

以往香港的政治運動，外國勢力多數是「猶抱琵琶半遮臉」，不像這次明目張膽的走到舞台前，赤裸裸地干預香港事務，美國領事館呼籲國民不要去金鐘，等於溫馨提示香港人記得去包圍立法會。美國國會眾議員佩洛西更罕有地發出聲明，警告如果通過修例，美國會別無選擇地重新審視香港能否享有高度自治等等。素來是美國牌的台灣，蔡英文挺身支持香港反修例示威。一場外部勢力亂港的交響樂，「鈴鈴查查」都出齊了。

在社交媒體上，鋪天蓋地的是匪夷所思的「歪念」，包括呼籲學生包圍立法會，煽動大家到中資銀行擠提、帶備口罩（以免被認出）、帶備雨傘（阻擋催淚彈或作武器），又鼓勵自製長矛，教你被拘捕時如何自保等，又以「糖衣包裝」，提示你金鐘的洗手間和補給站，其實是叫你犯法，去送死。

一位大學講師，竟鼓吹中學生到立法會參與示威。中學生是未成年人，為什麼要把他們捲入政治風暴中？教師呼籲罷課，也是不負責任，學生有權利接受教育，為什麼要把政治帶入校園？萬一學生受煽動而加入示威、受傷，或犯法，毀了他們一生，你於心何忍？

口說保衛香港，卻要摧毀她？自稱民主，卻做言論霸權，自以為偉大，卻去欺凌他人，我感到毛骨悚然。

戴耀廷是怎樣愚弄港人的？

陳莊勤

中國前領導人鄧小平在一九八九年，辭去了所有黨內外職務，成為中國共產黨的一位普通黨員。

一九九二年一月，鄧小平以中國共產黨一位普通黨員身份，乘專列南下抵達武昌。這位中共的「普通黨員」在武昌車站發表了一九九二年南巡的第一次重要講話。他說：「發展才是硬道理！成天去爭論資本主義社會主義有啥意思？」他更是說了一句：「人民需要改革開放，誰不改革誰下台」的狠話，還要求在場的中共湖北省委負責人把他的話轉告北京。這句由一位「普通黨員」提出的狠話，自一九九二年鄧小平南巡後，便成了中共評核官員的標準。

回到香港，不久前說自己是「普通人」的香港大學法學院副教授戴耀廷的一番「港獨」言論，引起軒然大波。

二零一八年三月戴耀廷在台灣的一個論壇中，講述了「香港可以獨立論」，被反對「港獨」人士及媒體口誅筆伐。戴耀廷面對對他鼓吹「港獨」的指責，一方面辯稱他本人並不支持「港獨」，強調他的論點只是學術討論。另一方面他指控批評他的人在對他進行「文革式批鬥」。此外他更說自己只是一個普通人，擁有行使學術自由與言論自由的權利，表達了一個普通人的學術觀點，以此為自己發表的「香港可以獨立」的政治立場辯解。

若觀乎戴耀廷過去幾年在香港所做的事情，他絕對不是香港的一個普通人。以普通人的學術自由與言論自由為他的「港獨」言論辯解，只是一塊他不敢為自己政治立場負責任的遮羞布。

戴耀廷只是一個「普通人」？

戴耀廷在二零一三年開始發起「佔領中環」運動，得到眾多泛民主派政黨與團體的支持，很多學生也奉他為精神領袖。在二零一四年，他發動了為期七十九天的佔領中環運動。明顯地，戴耀廷不是一個普通的香港人，甚至不單是一個意見領袖，而是一個帶領十多萬學生進行政治運動的政治領袖。他在台灣發表的言論，怎可能是一個普通人的學術研究？

戴耀廷意圖以自己是普通人的身份來逃避他發表「港獨」言論的政治責任，意圖逃避別人的口誅筆伐，就如同他「佔中」前信誓旦旦說會為「佔中」承擔罪責、「佔中」中段又為了保住在港大的教席而丟下風餐露宿的「佔中」學生逃回港大、「佔中」後被追究罪責時卻處處卸責。似乎，什麼時候是台上慷慨陳詞指揮呼喚萬千學生與年輕人「佔中」的政治領袖、什麼時候是為「港獨」可行性背書的學者、什麼時候在被猛烈抨擊時匆匆變回普通人以逃避責難，全是戴耀廷按他自己的需要，由他自己說了算。

企圖以佔領中環迫使港府及中央在二零一七年普選特首安排上讓步，戴耀廷發起的這次大規模群眾運動最後以失敗告終。一些與他一起發起及參與「佔中」的核心人物的「港獨」與自決傾向雖在「佔中」時秘而不宣，但在「佔中」失敗後便明確宣示；特別是在二零一六年的立法會選舉後，一眾「港獨」自決傾向的當選議員在就任宣誓中支持「港獨」的想法表露無遺。

戴耀廷早在二零一六年五月發表的文章中提出：「香港在國際社會支持下可以走向獨立」的言論。接着於二零一六年六月，戴耀廷在台北華人民主書院舉辦的講座中，表態說他其實並不反對獨立。戴耀廷在二零一六年表達不反對「香港獨立」是政治表態而非學術討論觀點，與他這次為辯解自己的「香港可以獨立論」為學術探討而自稱並不支持「港獨」的說法，明顯自相矛盾。

戴耀廷二零一六年的「不反對」「港獨」究竟是支持「港獨」、還是不支持但樂觀其成？戴耀廷二零一八年的「不支持」「港獨」究竟是反對「港獨」、還是不反對但不希望發生？面對質問，戴耀廷要給市民及他的支持者一個光明正大的「支持」或「反對」說法，甚而他可以以他一貫作風乾脆選擇抽身事外說香港獨立與否「不關他事」。他這種前後不一，取巧地玩「不反對」與「不支持」的含糊其詞來愚弄公眾的文字遊戲，怎可能是一個真正學者應有的行為，那只是一個意圖卸責的機會主義者的狡獪辯詞。

戴耀廷辯稱他是學術自由範疇的學術討論。但若真的是學術討論，奇怪的是，把研究集中在假設某一事件必然發生而揣測事件發生後的結果，但對這事件會否發生及會如何發生的重要前提不作研究，這是什麼樣的學術研究？

眾人揭穿戴耀廷自己所包裝的學術討論

做社會科學與歷史學術研究的人都會同意這個說法：事件發生的原因，及以發生的方式，必然會影響到事件的結果。就如假設日本在二次大戰中，若不是因為被投了兩顆原子彈後無條件投降，而是由美軍登陸日本，經過苦戰拉鋸，最終在談判下投降，日本肯定會堅持保留在朝鮮及在台灣的殖民統治權為投降的條件，也不會讓美國強行為它戰後立憲，成為了今天日本這個並非完全具有主權的國家。日本二戰後若是有條件投降而非無條件投降，今天的東亞便肯定不一樣。日本未投降前，不考慮日本在什麼情況下投降，而去想像投降後日本與它的鄰國的關係會怎樣，是毫無意義且不學術的。

眾多對戴耀廷的批評便是揭穿他那學術討論包裝下的個人「想像」，是他個人對「港獨」樂觀其成的主觀願望的「想像」。把他本人的「想像」說成是學術討論，簡直是對嚴肅學術研究的侮辱。

在關乎國家統一與分裂這一嚴肅課題上，隨意發表這種信口開河「想像」出來的所謂學術討論結果，如若不是赤裸裸宣揚分裂中國的政治信念，還是什麼？

香港有比西方社會更包容的言論自由，戴耀廷鼓吹「港獨」，反對他的人沒奈他何。但可幸的是香港有充分的言論自由，可以讓反對戴耀廷的人大肆抨擊他的歪理。一眾支持戴耀廷的泛民人士也可以有充分的言論自由批評抨擊戴耀廷的人，那是他們的言論自由。

戴耀廷及他的泛民支持者最大的問題，是他們往往以受迫害者的心態去批評對他們批評的人。彷彿只有他們才配有完全的言論自由，彷彿他們表達的都是正義的，反對他們的便都是邪惡的。他們說什麼做什麼別人也無權表達意見，更不能批評他們，任何人若是批評他們便是當權者的幫兇，這便是戴耀廷及他的泛民支持者的言論自由霸權邏輯——他們自己說的話是維護言論自由，批評他們的話則是當權者的幫兇。

客觀的大多數意見是存在的，抨擊「港獨」是大多數人的意見，這些批評與抨擊並非如泛民政客所說的是當權者的幫兇。泛民口說反對「港獨」、不支持「港獨」、卻也不批評「港獨」，但這不等於別人無權猛烈批評「港獨」。同樣是言論自由，泛民這種把不合己意的言論說成是強權打壓言論自由的霸權邏輯，可以欺騙大眾一時，但不能永遠如此欺騙群眾。

如果戴耀廷之後在台灣發表的「港獨」學術討論時還是那麼理直氣壯，那下次台灣若再有如三月份那樣的可以傳播「港獨」的研討會平台，看看這次站出來大聲疾呼挺戴耀廷「港獨」言論的泛民立法會議員，有哪一位會去參加，並高調發表如同戴耀廷那樣的「港獨」研究學術討論報告，來維護他們口中的言論自由。

「港獨」書賣不出怪書店？老節目翻炒陰謀論的背後……

江迅

都說香港人健忘，還說香港人對新聞的熱度只是三分鐘，香港人對舊聞不感興趣。現在看來是不對了。二零一五年的一條舊聞，在沒有任何新的內容下，重新包裝「揭秘式」推出，製造話題，竟然在社會上被熱炒熱議。

前不久老牌節目《鏗鏘集》拋出陰謀論，稱「三中商」（三聯書店、中華書局、商務印書館）三大書局和出版社所隸屬的聯合出版集團，是「幕後大老闆」香港中聯辦全資擁有，即中聯辦透過內地公司「廣東新文化事業發展」，再間接控制「三中商」。其實，二零一五年香港《壹週刊》就有相同報道。另有媒體稱該集團共有五十二間門市，聯合轄下擁有多間書籍出版、發行、印刷及零售公司，佔整體市場的百分之八十。

《鏗鏘集》這檔香港電台電視部製作的新聞紀錄片電視節目熱炒舊聞，自然有它的用意，指「這些文化機構幕後操盤人是中聯辦，紅色之手已悄悄伸入香港文化界」，從而散播中央插手香港文化的白色恐怖，要揭露「中聯辦一手控制香港最大書商的出版、物流和門市」，用「中聯辦書店」為「三中商」冠上新標籤。有媒體仿效便利店廣告口吻，以「紅色書店，總有一間喺左近」妖魔化，大商場和機場客運大樓有「三中商」書店書局是「犯了滲透罪」……一些網絡媒體和專欄作家隨即跟風熱評。奇怪的是，一條舊聞就這麼鬧得風生水起；同樣令我生奇的是，十多天過去了，「三中商」竟然沒有一紙表態反駁。

隨手選一篇發表在香港某日報上的評論《中聯辦書店》，作者是香港一所大學新聞系的呂姓高級講師，他在文中引述稱，在「一九九六年至二零零四年曾任職至三聯書店總編輯的李昕，寫過《我在香港做出版》一文，披露了『黨交付工作』的一些細節」。

當事人揭露陰謀論中的謊言

退休後身在北京的李昕，當天就讀到這位講師的文章，翌日就跟筆者表明：

「我從來沒有講『黨交付工作』。老實說，我在香港工作八年，從來沒有接到過上級（聯合出版集團和中聯辦）的什麼指示，要我們出什麼書，或者批評我們什麼書出版得不對之類。香港是有充分出版自由的，包括我們『三中商』這些中資企業，出什麼書，不出什麼書，從來不受政治干預。我們是充分市場化的企業，上級也從來不給我們撥款，一切都由我們自負盈虧，自己決定出版項目。至於我文章裏面說，三聯出書要『旗幟鮮明』傳達中方立場，這是我本人作為中企出版企業負責人必須具有的自我要求，並沒有上級部門命令我們必須這樣做。」

「三聯作為一間有歷史傳統的中資出版機構，從來都以自覺承擔社會責任為己任。我在香港三聯八年，確實沒有按照什麼人的指示出版過什麼書，一本都沒有。我們也出版了一些《香港特別行政區知多少》、《鄧小平論「一國兩制」》等介紹國家對港政策的書，那也是因為社會和市場有這種需要，我們根據需要自己策劃出版的。」

好了，李昕說，他根本沒有寫過那位講師所引用的文字「黨交付工作」。作為傳媒學的一個教師，如此「引用」而撰文是令人可怕的。這樣的講師卻在香港教授一批批新聞系學生怎麼採寫新聞，還在培養諸多中學生如何當「小記者」。

一百二十一歲的商務，一百零六歲的中華，八十六歲的三聯，都是響噹噹的歷史悠久的品牌。從聯合出版集團，就聯想到華潤、中銀，沒有人會追根究底，他們幕後是誰。以華潤為例：二零一八年八十歲的華潤，前身是於一九三八年在香港成立的「聯和行」，華潤公司隸屬關係曾由中共中央辦公廳、中央貿易部、商務部、外經貿部、國務院國資委直接監管，如此國有重點骨幹企業在香港發展，你能質疑它的生存、發展是「恐怖」的嗎？你能指控「紅色之手已悄悄伸入香港金融貿易界」？你怎麼就不揭露它們如何完成「黨交付工作」？

「港獨」書籍沒有市場，怪誰？

一位區姓的前傳媒工作者竟然撰文說，每次走進「三中商」他就「會感到心寒」。他可以選擇不入，香港有那麼多二樓書店，更是報攤滿街，尖沙咀一條海防道就有兩三家，醒目處都是揭批領導人的所謂

「黑幕」，這些胡編亂造的書沒令他心寒，頗具文化品牌的「三中商」卻令他「心寒」。香港有行動自由，他的腳可以選擇去哪不去哪。

同樣，香港不是也享有出版自由的嗎？只要不違法，出版什麼書，銷售什麼書，原本就是由出版社、書店決定的，他們的政治理念當然決定了什麼書可以出版，什麼書不願意發行。如果美國在香港巨額投資，成立比聯合出版集團更大的出版發行商，你會對他不滿而指責是「滲透」嗎？如果美國一些所謂民主基金會資助出書，受資助方會出版歌頌中共唱好中國的書籍嗎？「港獨」的書、「佔中」的書賣不好而沒有市場，能怪罪是「三中商」的書賣得太好，是一種「封殺」、「打壓」嗎？

暴動罪成後，他反而「廢青變英雄」？

陳莊勤

二零一六年農曆年初二，部分本土派人士在旺角以「保護街頭小販對抗執法的食環署人員及警察」為名集會，引發街頭衝突，最終演變成暴動。當中「本土民主前線」的前發言人梁天琦先生，在經過一個多月的審訊後，被陪審團裁定其中一項暴動罪成。在被裁定暴動罪成前，梁天琦已在二零一八年一月提訊時承認一項襲警罪。

梁天琦的代表大律師在向法庭求情的陳詞中，主旋律仍然是處處為梁天琦推卸責任，意在為參與旺角暴動的梁天琦的暴力行為辯解。同案中另一被定罪的被告盧建民，其代表大律師竟然說：「暴動是政治，暴動法律都是政治」的泛政治化歪論，將暴力行為合理化。意在以政治理念為理由替赤裸裸的犯罪行為開脱。

代表梁天琦的大律師在法庭閱讀了包括英國國會議員及前香港立法會議員撰寫的十一封求情信，當中很多都稱讚梁天琦是一個「不會推卸責任的人」。

為一個人開脱罪行，侮辱一整代人

梁天琦被讚譽為不會推卸責任，代表他的四十一歲蔡維邦大律師更進一步演繹説，推卸責任的是蔡維邦大律師他那一代人。他說他們「這一代的人（為政治理想）什麼也沒做過……只顧努力工作為事業家庭打拼，如今已成為達官貴人、大醫生，貪圖逸樂，唔想後生仔搞亂香港。」他更稱現在發生的事都是他們那一代製造出來的。蔡大律師似乎在說成年的一代都是既得利益者，希望維持現狀，沒有為美好將來打拼；而梁天琦這一代的年輕人，才是為了爭取更美好世界而不卸責的一代。這種說法是以侮辱一整代人，來為一個人所犯的罪行尋求開脫。

其實稱讚梁天琦是一個不會推卸責任的人，大概就是因為他在之前的提訊中坦承了襲警罪。但梁天琦自己承認襲警罪的背景是什麼？是因為警方提供了他不能抵賴的證據，證明暴動當晚凌晨二時梁天琦以膠筒擲向一位姓文的警員，再以腳踢向倒地的文姓警員，並以木製卡板打向警員背部；導致該名警員左膝、右後背、右膝、左耳等受傷，造成百分之二永久傷殘。梁天琦在面對這樣充分和不可抵賴的證據下，能卸責不認罪嗎？

一般刑事案件，被告在被定罪後，代表他求情的大律師，在求情時，都會先承認被定罪所犯的事情是不對的，然後再講其他理由要求法官輕判。當然若被定罪者根本對被裁定罪成的行為不認為是錯的，或他準備上訴，代表他求情的大律師在求情時便不會提他被定罪的行為。像對梁天琦這種政治高於一切、不為行為認錯、為實現政治理想甚至可以容忍暴力的辯解，便是出自近年不斷在香港法庭中同情暴徒的大律師們口中的歪理。也因如此，主審法官彭寶琴便表明正在處理的是一宗涉及暴動罪的刑事案件，不接受辯方「暴動是政治」的說法。

公民黨前立法會議員吳靄儀大律師為梁天琦撰寫的求情信中，稱梁天琦「不畏艱險、有深度及理性分析的頭腦、懂得自我反省、忠於真實、不迴避結果和責任」，稱讚梁天琦是她三十年從政經驗中「極少見的人才」。其實稱讚梁天琦的，不單是吳靄儀；在梁天琦被裁定暴動罪後，更有個別媒體引用一部紀錄片中梁天琦曾說「我不是英雄」而以「廢青變英雄」的副題來說他是一眾支持者心中的英雄。

梁天琦是如何走上「英雄」之路的？

在二零一六年農曆年初二旺角暴動前，梁天琦與現在已因旺角暴動潛逃的黃台仰，同為於二零一五年成立推動「港獨」的「本土民主前線」的發言人。

二零一六年一月，因為新界東立法會議員湯家驊在二零一五年十月辭去立法會議員席位，須在二零一六年二月底舉行補選。梁天琦參與補選，並在二零一六年農曆年初二鼓動旺角街邊賣魚蛋的小販與警察對抗，作為其選舉補選的選舉工程，結果引發旺角大暴動。

梁天琦也因為二零一六年年初二旺角大暴動終成為了矚目的補選候選人，借旺角暴動的人氣，他在二零一六年二月底的新界東立法會議席補選中，一舉奪得了百分之十五點三八共六萬六千五百二十四票的選票。雖然在單一議席的補選中落敗，但以這得票率，梁足以在二零一六年九月的立法會選舉中，在新界東的九個民選議席中按比例代表制穩奪一席。

當然，到後來二零一六年九月的立法會選舉中，梁天琦被選舉主任裁定他主張和推動香港獨立，因而被取消參選資格。從廢青變成英雄，被定罪後為他撰寫求情信的人捧他為不畏艱險、有深度、有理性、忠於真實和懂自我反省的罕見人才。

究竟梁天琦又是怎樣看自己的？

二零一六年八月，主張香港獨立的「民族黨」在香港特區政府總部外的添馬公園舉行集會，當時梁天琦剛被取消參選九月的立法會選舉的資格。梁天琦在集會中發言，他是這樣形容自己的：

「一年前我只不過係一個社會上完全冇人知我係乜人、我亦都唔知道我在社會上應該擔當乜角色，一個廢青。有邊一個人會諗到一年之後，呢一個廢青會成為一個被政府剝削政治權利的香港人。有邊一個人會諗到一年之後，呢一個廢青係曾經距離呢一個夢想只有一步之遙。」

在這段話中，梁天琦所說的「一步之遙」是什麼？是通過選舉進入立法會成為立法會議員。只是在入局一步之遙的距離中因他的港獨立場被取消了參選資格。他熱衷的似乎並不是要推翻建制尋求香港獨立，而是熱切要加入建制。

在他的發言中，梁天琦是這樣理解香港特區政府與「港獨」的本質的。他在背景掛着「香港獨立」四個大字的講台上這樣說：

「追求呢四隻大字，我哋講緊嘅就係要奪權。我哋要攞返呢個社會上應有嘅權利。……面對一個獨裁政府應該點樣？革命。」

對於革命奪權，他這樣說：

「革命本身就係講緊一個社會結構，權力分配，一個根本性的改變，一個從下而上的改變。一個從上而下的改變，其實係代表一個改革；而一個從下而上的改變就係革命。噉大家諗下，今時今日你仲會唔會奢求中國、香港特區政府從上而下改革？仲會唔會相信佢會畀我有民主？畀我有自由？冇可能。所以話我必須要革命。」

他說：

「政府嘅本質就係一個暴力嘅機構，當我哋做嘅事唔符合政府所諗，唔符合政府、當權者嘅方向，佢就會用暴力嚟打壓我哋。……對住一個暴力嘅機構，我哋唔可以仁慈，唔可以懦弱，亦都唔可以再同佢講乜嘢仁義道德。呢一個政府根本就係一個無賴嘅政府，無賴嘅政權。中國就係一個無賴嘅國家，你同佢講仁義道德做乜鬼嘢吖。佢要做無賴嘅，當然有好多人唔想做無賴啦，包括我自己，但係如果呢個係一個必要嘅方法去推翻呢個政府嘅話，我願意做呢個無賴。」

從梁天琦近乎夢囈的發言中，可以看出他的前後矛盾，並非一些為他撰寫求情信的人所說的是一個有深度及理性分析的人。他一方面熱衷進入建制當立法會議員，另一方面卻不斷說要推翻政府，甚而為此而甘願做一個無賴。究竟他是一個為嗜權而甘願做無賴的機會主義者，還是一個為崇高政治理念而推動革命的理想主義者？他自己也說不清楚。

為推翻政府而甘願做無賴可以說是不擇手段。梁天琦所說的不單代表他個人，這種認為真理在手便可以不擇手段的想法，廣泛存在於年輕人當中。問題是他們所想的真的是真理嗎？香港特區政府真的是如梁天琦所說，是無賴政府嗎？激昂的言詞掩飾不了他思想的混亂。看來，為梁天琦撰寫求情信的有頭面人物要麼是過譽了他、要麼是寫信的人根本不誠實。也是這些不誠實的人不直斥尋求「港獨」的荒謬，而是間接地不斷地鼓勵年輕人走進這思想混亂的死胡同。

「港獨」派的不擇手段，突顯了香港警隊的專業

旺角暴動在二零一六年初發生，當時梁天琦正參選立法會新界東補選。無論法庭最終怎樣判斷梁天琦在旺角街頭暴動的角色，事實是梁天琦挾旺角暴動的餘威，在二零一六年二月底的立法會新界東補選中，藉着旺角暴動從一個廢青變成英雄的高人氣，取得超過百分之十五選民的信任。但補選投票時，沒有人知道他是在暴動中曾經腳踢及以用卡板攻擊一位已倒在地上的警察的暴徒之一。這一事實直至他被帶上法庭才被公開，而他也在證據確鑿、沒法抵賴的情況「不推卸責任」地承認了襲警罪。

假若在補選時新界東的選民已知道了他在旺角暴動中的兇悍行為，他還可能拿下超過百分之十五的選票嗎？

在旺角暴動案於二零一八年開審前，警隊及政府從沒有泄露梁天琦在二零一六年初的犯罪事實，反映了香港警隊並非如那些廢青所說的是黑警，而是公正專業的執法隊伍。為梁天琦寫求情信的社會翹楚，應該要做的是誠實及認真地告訴梁天琦及他的支持者，不要繼續在他們自己構建的夢囈世界中沉睡不醒了。

是誰令畢業於香港大學的陽光青年淪為階下囚？

楊志剛

要問誰？是誰令畢業於香港大學的陽光青年淪為階下囚？梁天琦參與旺角暴動罪成，被判監六年。他聞判後保持鎮定。他的支持者和同情者卻莫不激動大喊：「我們這一代人虧欠了他、他是香港義士、勇於承擔、是青年良心、時代之光。」然後是一連串的聲援大會，在輪候冊排期探監的議員名單越來越長。義憤填膺舒緩了「人衝我鬆」的時代愧疚後，一切歸於平靜。他還是獨自坐牢，時代之問，仍需解答。

二零一七年三月，港大女生許嘉琪因為在旺角暴動中向警員投擲玻璃瓶而被判監三年。她聞判後不禁垂淚。我不曉得她的眼淚是出於懊悔、不甘，還是冤屈和憤懣，但不論是何種原因，她的淌淚遠較她的擲瓶更有力量。她的眼淚是一種喚醒：學生最有效的武器從來都是道德力量，不是暴力。

中華兒女，為何總是要引頸成一快，才能不負少年頭。從五四運動的拋頭顱灑熱血，到抗日戰爭時的十萬青年十萬軍，到文革時候的紅衛兵，再到知識青年的上山下鄉，每一代青年，都面對不一樣的艱辛，在時代的不同虧欠下作出他們獨有的開拓。香港九七回歸後，特區初生代今天已是英姿煥發的青年，他們本應肩負光輝的歷史使命，卻為何在這樣的時代裏迷失了？這亦是時代之問。

第一個要問的，是香港通識教育教師聯會。通識教育的首要目的，是培育青少年明辨是非。但這個教師聯會卻倡導是非不分。該會於二零一六年十一月二十三日在其網站發表聲明表示：「通識討論需要學生兼論正反雙方意見，具體情況中，即使討論暴力抗爭，教育界已早有共識，討論時教師必須秉持中立的態度、為學生提供正反均衡的意見，並需清楚指出法例以及風險所在，以至暴力抗爭可能對其他持分者造成的影響等。」

在這個後真相年代，在傳統價值觀受到不斷衝擊的年代，不要說年青人感到迷惘，連我作為教育工作者亦深感迷茫。與學生討論暴力抗爭時，教師必須秉持中立？暴力是中性的？我把通識教育教師聯會的聲明細閱再三，上文並無任何前置條件，下文並無任何「但書」，意思清楚明確，就是與學生討論暴力抗爭時，通識科教師必須秉持中立，為學生提供正反均衡的意見。

暴力有正反均衡的意見？如何「正反均衡」？像媒體報道選舉候選人一樣，必須給予每位候選人均衡的篇幅？老師為學生「提供意見」的時候，對暴力的負面評述，必須提供同等分量的正面評述來均衡它？使用暴力原來有無限空間來為其作正面論述？橫看是暴力、豎看是勇武、側看英勇？街頭暴力前面看是暴民，後面看是義士？校園暴力從負面看是校園暴力，從正面看是體操鍛煉？性暴力從女生的負面角度看是強姦，從男生的正面角度看是彼此歡娛？

通識教育教師聯會不辨是非，如何能教導學生明辨是非？通識科涉獵範疇廣泛，在很多議題上，會涉及個人意見和立場，不涉對與錯。例如立法會選舉應該支持建制派或非建制派，老師必須保持中立。

反暴力卻不是主觀意見或個人立場，而是人類基本而共通的價值觀，與公平公義一樣，是人類文明的基本原則；違反了，便是錯。

在意見和觀點的爭議上保持中立，並不等同在基本的道德價值上保持中立，否則人類任何行為都可以因意見不同立場有異而合理化。同一個行為，從這個觀點看是對的、從那個觀點看便是錯的。一切行為的對與錯，都變成意見和觀點。意見是自由的，你的意見、我的意見和他們的意見，全部享有同等分量。於是在孩子尚未成熟的心智中，使用暴力和反對暴力的是非黑白，被貶值為芸芸眾說中的一項意見，只有各自不同的灰色，沒有黑白。

該聲明亦表示：老師「需清楚指出法例以及風險所在」。該聲明不要求老師指出使用暴力的對與錯，卻要清楚指出法例以及「風險所在」。如果沒有風險，例如在使用暴力時戴上喼帽和口罩，沒有被人認出的風險、沒有需要承擔刑責的風險，就可以心安理得使用暴力？

老師的教導，對學生影響深遠。我並非通識科老師，但教過大學通識科。在一些難定對錯的爭議中，討論完畢時學生最想知道的，是老師最終的立場，因為學生普遍認為老師知識廣博。在網上知識隨手可得的年代，為何還要老師？為何更要老師？就是因為有老師的帶領，才可以讓學生達到他們只憑自我探索無法達到的思想高度和成熟的心智。有老師說：「複雜的政治和社會議題很難定對錯。老師的責任是培養學生明辨是非的能力，傳授他們分析複雜事情的技巧，並透過前人的研究和集體智慧所得出的理論和原則，配合今天思維，以辯論、多角度思考、研究，讓學生可以在無畏無懼的共融環境下，以尊重不同意見的正面態度，作出他們自己的結論。」對涉及主觀意見和個人立場的爭議，這取向是對的。

亦有老師說：「作為一個公民，老師有不可推卸的責任，對社會的不公義，提出批評，對政府施政的失誤，作出痛擊。制度上的不公，使貧者愈貧、富者愈富。普羅大眾每天為生計奔波，不會察覺到制度的剝削，更不可能對其提出控訴。老師有責任以其所學，積極啟蒙學生，並參與社會活動，創造一個更公平公義的社會。

我不會因為自己是老師而壓抑我對社會各項爭議的看法。如果社會制度歧視同性戀者，我會挺身而出，炮轟這制度的不公。否則課堂作為知識和意見的市集，不但死氣沉沉，而且會失去其存在的價值。」在涉及人類基本價值的議題上，這取向是對的，包括公平、公義、反歧視、反暴力。

通識教育教師聯會的聲明，雖然備受抨擊，但至今仍不肯撤回。該聲明並表示：在討論暴力抗爭時秉持中立是「教育界早有共識」。我作為教育工作者，在此再三追問：這所謂共識，是如何得出的、誰人得出的、何時公布的？

反對派販賣了多少恐懼，就製造了多少瘋狂

潘麗瓊

「一地兩檢」法例通過，反對派撕爛文件，大聲叫囂，欺凌陳帆局長。戲碼雖已看過多次，但依然怵目驚心。

反對派一向以 scare mongering（販賣恐懼）的招式，來操縱群眾的情緒。但根據《明報》二零一七年八月委託港大民研做的「一地兩檢」民調，百分之五十三支持，百分之三十四反對。可見反對派的危言聳聽如「割地」、「公安拉人」等，都不奏效。

販賣恐懼，透過營造性命和自由等即將被剝奪的焦慮感，令人火遮眼，不能冷靜分析，讓人覺得事態迫在眉睫，必須馬上行動。

最近《鏗鏘集》把有百年歷史、人盡皆知為國有產業的三中商，以「偵查報道」方式來包裝，散播它們陰謀壟斷出版業（卻避開三中商連「港獨」分子黃之鋒和陳雲的書，都照賣如儀的事實），也是販賣恐懼的例子。

由「佔中」到旺暴，都在「販賣恐懼」，力陳香港民不聊生。但香港犯罪率低，人均 GDP 全球第

十六，民不聊生的客觀數據在哪裏？難道中環、旺角被癱瘓，施政問題就得以解決？香港立即有民主？

販賣恐懼，在於製造瘋狂，把暴力和欺凌合理化，佯裝自衛。實質極具侵略性（defensive-aggressive）。旺暴中，暴徒燒車、掘磚、打警察，仍堅稱「保護香港」。反對派阻撓促進發展的「一地兩檢」，用盡肢體及語言暴力，圍堵、辱罵、欺凌議會主席如梁君彥和官員如陳帆等，理由卻是「捍衛香港」。

販賣恐懼雖是絕招，但「狼來了」喊得太多、太誇張，就會失效。

反對派人士明修自由棧道，暗度「港獨」陳倉？

阮紀宏

保安局提出根據《社團條例》禁止「香港民族黨」運作後，沒有人敢明目張膽公然反對，卻有不少人提出要對國家安全作出明晰的定義，意思是怕政府濫用權力，扼殺言論自由和結社自由，看似有理，但究竟他們是為了掩飾他們不敢公開支持「港獨」的懦弱，還是為了公義守護基本人權？要分清這些人的動機，跟定義國家安全一樣困難，問題是剷除「港獨」分子與定義國家安全，孰輕孰重？先定義國家安全會不會放過甚至縱容「港獨」分子？

首先要對《社團條例》的特性有所了解。法律要重證據，若非鐵證如山而將嫌疑人定罪，很容易造成冤假錯案，甚至成為權力機關濫殺無辜的工具，任何社會都不會對此有異議。然而，為何《社團條例》會允許執法機關，只憑嫌疑人自稱黑社會成員就可以提出指控，司法機關就會將其定罪呢？自稱不但不是確鑿的證據，還違反不能自我誘罪（self-criminate）的原則。為何這樣一條跟法律基本原則有所背離的法例，能夠通過而且行之有效呢？

黑社會的禍害無需贅言，執法機關打擊黑社會是應市民大眾的要求，但要將黑社會的活動加以定義，難於登天，如何證明燒黃紙、斬雞頭是民間習俗，還是黑社會的入會儀式？如何證明向人索取三十六元六毫是黑社會的會規，而三十六元又不算是？

如果黑社會成員打出「寶印」的手勢，卻在法庭上辯稱是觀音手印，法官不相信而將他收監，會不會有打壓信仰宗教自由之嫌？恰恰由於黑社會是秘密組織，並且以隱蔽手段行事，而社會對打擊黑社會零容忍已是共識，所以才會由立法機關通過有關法律，執法機關依法除暴安良。

將黑社會跟政治團體類比可能又會引來攻擊，但「港獨」組織的確有其隱蔽性，是不可能公開透明，更不能大張旗鼓的，要定義「港獨」組織的活動是否違法，跟定義黑社會活動是否違法，同樣困難。問題是「港獨」組織的主張與行動是否超越了言論自由和結社自由？

社會大眾包括法律界人士能夠接受以《社團條例》對付黑社會，是因為黑社會的危害十分嚴重，如果不從源頭加以打擊，任由其發展壯大，等它做出對社會危害的活動後，為時已晚，所以才通過法例，因為大眾相信這樣做最終會實現社會公義的目的。

從這個角度看「港獨」組織，將之類比黑社會組織就有了一定的根據，因為與其等待它做出對國家安全構成危害的活動，並以難於定義的標準將他們繩之於法，可能為時已晚，社會穩定已經受到損害，投資、經營以至日常生活都會受到影響，代價太大，不容有失。

要為國家安全加以嚴謹定義，才可以引用《社團條例》將「港獨」組織取締，一些人提出這樣的理由，可以冠冕堂皇稱之為「雖然我不同意你的觀點，但我必須捍衛你提出這個觀點的自由」，並且是他們爭取程式公義的法則。

殊不知這樣的原則，是以自身安全為先決條件才主張的，那些捍衛「港獨」分子言論與結社自由的人，明知道「港獨」主張與行動一旦得逞，「港獨」分子會給他們加官進爵，論功行賞。目前看到的，只有區諾軒明目張膽地站出來，在遊行示威中公然支持「港獨」分子。

區諾軒的動機很難判斷，真正的考驗是當香港民族黨被宣判是非法組織之後，他還敢不敢「挺身而出」。同樣難以判斷的是，那些口口聲聲説維護言論自由和結社自由的反對派人士，為何沒有站出來鋌而走險，究竟是他們怕跟「港獨」分子扯上關係而喪失選票，還是怕難以自圓其説。

反對派人士在旺角暴動之後，首先聲明他們反對暴力手段，但支持言論自由。反對派人士對待「港獨」問題，也採用同樣的伎倆，首先聲明他們不贊成「港獨」，但必須捍衛言論自由和結社自由。

而且，往往是以三秒時間説反對「港獨」，然後長篇大論辯解言論自由和結社自由。按照這樣的情況，就難以判斷反對派人士在聲稱捍衛言論自由和結社自由的時候，究竟是表裏如一，還是掩飾他們明修自由棧道，暗度「港獨」陳倉。

提倡「港獨」並付諸行動的人士，必須面對法律制裁，縱容「港獨」主張與行動的人士，同樣要承受道德的譴責。

將香港綁上危險戰車，「港獨」組織想讓多少人無辜陪葬？

陳建強

在香港，「港獨」的主張是違憲、違法、違理、違情，是一再明確宣示的政治紅線，不存在任意研擬討論的可能空間。然而，一向明目張膽地宣揚「港獨」主張、公開招募成員、籌集活動資金和叫囂「要拿起武器保衛香港」的「香港民族黨」，其主席陳浩天在中美貿易戰的火熱時刻，借香港外國記者會這平台公然「播獨」，再發公開信要求美國撤銷中國內地及香港的世貿成員身份，將「港獨」由主張，刁惡為「聯外打華毀港」的三點零版。

香港外國記者會扮演着什麼角色？

任何一個有獨立主權的國家，都對國土分裂或危害行為零容忍，試問如果印第安人要求獨立，美國政府會支持嗎？事實上，從二次大戰後的非殖化運動開始，到近年的個別獨立個案，外力介入已成慣例。即使香港在中央的強力主導下順利回歸、平穩過渡，英國仍死抱着過時失效的《中英聯合聲明》不放，美國更自行搶先制訂《美國—香港關係法》，硬要干涉香港事務，甚至借勢狙擊中國。

這是大國間森林博弈式的「修昔底德陷阱」，香港作為國家的一部分，無論從憲、法、理、情，都必須知所其進退，不能試圖為求一己「抽水」，媚諂聯外地甘受指揮，將槍口由對外變對內，阻延中國和平崛起。

外國記者會是香港新聞團體的其中之一，但卻是唯一獲前港督特批，並獲特區政府延批會所場址的新聞團體；吊詭的是，該會並非單純的新聞工作者組織，會員多達五類，包括外國記者、本地記者、Associate members（準會員）、外交人員、公司會員。

先不談不同會員間的投票權差異，只要曾「應邀」進入該會所，就應知當中的「外人」遠比記者多，而政治資訊交流亦遠超過新聞信息交流。這個不存在對與錯，無法想像其間的政治陰謀，純粹因主客觀角色功能而善變的記者會，還要繼續沿襲舊制？或按新形勢作出新檢視和新應對？

由「香港民族黨」引發的思考

「香港民族黨」雖是人單力弱，但其一直自我標榜為「香港首個主張香港獨立的政黨」，並且旗幟鮮明地以「建立香港共和國」、「廢除《基本法》」、「建立支持香港獨立的勢力」為綱領。

陳浩天曾多次強調民族黨不是空談理論，而是有實際行動的；並宣稱要在「二零一九年前令香港人全面敵視中國殖民者」、「二零二二年前發展出可觀的勢力」。這些所謂目標全屬虛誑，但有關方面明知力有不逮，仍卯盡全力對「港獨紅線」進行衝擊，期間大家需要注視的情況有四：

第一，依據憲政和法治規範，所謂「港獨」和自決都是夢囈式的廢話，但卻是香港自上世紀七十年代末浮現前途問題時開始的，那時國際力量持續操弄着反華標準。外國記者會為什麼會在中美貿易戰鬥得火熱這個敏感時刻，拒絕理會中央和特區政府的要求，也要特別厚愛陳浩天，就是因為尊重言論和新聞自由？我不願猜想，但希望有一個「説得通」的説法。

第二，香港有多個新聞團體組織，唯獨外國記者會推出午餐會平台，讓陳浩天大肆宣揚「港獨」理念，聲稱香港的主權必須由香港人掌握，指達到這一目的唯一方法就是「港獨」，內容都是老調再談，台下提問和輿論反應也不熱烈。

只是陳浩天在明知會功敗垂成，並會帶來重大經濟損失的情況下，也不斷挑釁，妄求美國對內地和香港作出制裁，明顯是試圖配合外部勢力，將「港獨」活動作三級跳提升，即把部分人士的虛言妄語，與「台獨」、「疆獨」等聯繫，並再邁向「國際化」，硬要將香港綁上「港獨」的危險戰車，尋找分裂國家的政治籌碼，提升一己的政治能量。只求單向利己，不惜玉石俱焚，陳浩天還要多少人無辜陪葬？依法取締，維護香港的繁榮穩定，已經刻不容緩！

第三，作為一個政治小人物，陳浩天竟獲邀出席外國記者會午餐會，並且緊接着發函美國總統特朗普，讓其對中國和香港特區政府指指劃劃，大家都知道作用是零，但他這個棋子作用卻非常明顯。

大家不會理會他做什麼，關鍵在於「港獨」主張不容在港宣揚惑亂，即使沒有外國記者會這平台，也不論「香港民族黨」和陳浩天仍否存在，只要宣揚「港獨」就要煞停嚴懲。需強調，既是依法管治，那麼一切違憲、違法、違理、違情的行徑，都不容有僥脫的空間，有錯要認，不能因惡少和自稱有良好意願而另開法律的方便門。

第四，經歷了《基本法》第二十三條立法的一再延宕，在經歷陳浩天的「播獨論」和「制裁論」後，國安的法律缺口更大了，個別說法不重要，關鍵在於言行背後的企圖，是否有人聯外勾結？是否有人有組織、有預謀地衝擊國家的主權、安全和發展利益？

為什麼會有人想自己的國家死？

屈穎妍

有一個問題，我一直想不通：為什麼會有人想自己的國家死？

哇，好嘢，我的國家崩潰了、瓜柴了……這是什麼心態？

國家滅亡，作為國民的你會有好下場嗎？陳浩天說：「會，國家衰弱，我們才會有生存空間。」他甚至希望別國欺負自己的國家，最好打到她滅亡。

不止陳浩天，這種想法，一直在反對派及部分年輕人之間流傳，他們不稀罕自己國家強大，恨不得她立即衰亡，亡國之後如何？沒人想過，也沒人問，「咪獨立囉！」他們簡單地概括。

二零一八年八月二十二日港大民調結果顯示，香港百分之六十的十八至二十九歲的年輕人支持「台灣獨立」，其實二零一六年中大民調中心的調查結果已拉了警報：百分之四十的十五至二十四歲的年輕人支持「港獨」。年輕人以為國家是愛情，合則來不合則散；但國家其實是親情，與生俱來沒得揀，分開就是斷絕關係，鬧人命的。

國家崩潰，亡國奴遭遇會如何？重的不說，我先說最輕微的身份影響。這裏，我推薦大家看一套由史提芬史匹堡導演、湯漢斯主演的電影《機場客運站》（*The Terminal*），說的是主角前往美國途中，因家鄉發生政變，政府被推翻，所持證件不被美國入境當局承認，這邊被拒絕入境，那邊又不能回國，結果被迫滯留甘迺迪國際機場的故事。

亡了國，沒了身份，連關口都過不了，香港人，你還可以去日本賞櫻、去新加坡吃海南雞嗎？

早陣子在書展聽了個講座，企業家楊勳先生提了個精彩問題：「一個人被睇唔起好，還是被妒忌好？」

中國被世界看不起太久了，今天終於讓人妒忌，然後你說，我喜歡被看不起！除了說你有病，而且病入膏肓，還能說什麼？

什麼樣的香港人，會怕解放軍駐港部隊？

屈穎妍

開車的人，大概都曾在路上碰過ZG為首的車牌。ZG代表什麼？好多香港人都不知道，它是「駐港」（Zhu Gang）二字的漢語拼音縮寫，故以ZG為首的車牌，就是解放軍駐港部隊的車輛。我開車時在路上遇到ZG牌，總喜歡加速開到旁邊線，向車上的解放軍敬個禮，因為一直覺得，他們為香港犧牲太多。

香港號稱是一個自由城市，這裏的人言論要自由、行動要自由、新聞要自由、發表意見更要自由……卻要求解放軍毫不自由地在小島生活，今天，連解放軍穿衣的自由也要被他們剝奪了。

二零一八年十月十三日，中聯辦聯同駐港解放軍及中資企業六百多人，到麥理浩徑一帶幫忙鋸樹，清理颱風「山竹」帶來的破壞。有刁民竟然投訴：「解放軍穿着軍服通街走，嚇壞市民。」

其實，看見軍服會驚的，好人有限。但我們的政務司長卻煞有介事，當記者問：「會否勸喻解放軍下次不要穿軍服參與活動，以免引起市民憂慮」時，張建宗竟然說：「這個可以向解放軍反映，相信對方亦會明白。」

軍服是權威的象徵，不是你說脱下就脱下，全世界哪一個國家會因為有人害怕，而叫軍人卸下軍服？駐港解放軍長年累月在軍營鍛練，除了偶爾出去探訪老人院或孤兒院做義工，鮮有外出，就是因為知道你們香港人害怕。

曾經看過對一位退役解放軍的訪問說，在港服役期間，雖然每年有四十五至六十九日回鄉探親的有薪假期，但在香港外出放假自由活動的機會，一年就只得一日。解放軍士兵月薪只有六百元，軍官多一點，五千至七千，最高統帥的三軍司令，工資都只是一萬。微薄的薪水、幾乎是零的自由度，為的就是守好國家這個南大門。

今日，不過是風災過後幫忙清理狼藉，解放軍卻好心遭雷劈，政務司長甚至特別強調：「政府在此事上完全無介入、無角色扮演」，明顯在劃清界線。

《基本法》第十四條訂明：「香港特別行政區政府在必要時，可向中央人民政府請求駐軍協助維持社會治安和救助災害。」政府原本大條道理懇請解放軍出動，但現在卻怕那些怕解放軍的人跳出來指罵。

克服恐懼的最好方法，就是面對恐懼。怕解放軍的人，就要讓他們多看、多接觸。二零一八年九月底，解放軍駐港部隊已開設了名為「HONG KONG 捍衛」的官方微博，希望以後解放軍有更多機會穿着軍服走出軍營、走進社區。無論是做義工也好，還是做教育也好，告訴香港人，解放軍沒什麼好怕的，怕的人，只因為身有屎。

賣力充當美國打手，陳方安生在做什麼「白日夢」

周八駿

陳方安生等三人結束了美國行，其中，陳方安生獲美方格外優待。二零一九年三月二十二日，她被白宮臨時安排與副總統彭斯短暫會面。三月二十五日，她在美國傳統基金會發表演講。

主人特別優待，客人自然特別賣力。三月二十五日陳方安生在演講中稱，美國最近發表的「美國—香港政策法」報告是舉起了紅旗（raises red flags），特區政府需多加留意。

就在彭斯會見陳方安生的前一天，三月二十一日，美國國務院發表關於「美國—香港政策法」二零一九年報告，雖表明延續對香港的特殊待遇，但是，措辭由前兩年的「有足夠有餘的理據支持」（more than sufficient to justify）延續，變成「有理據支持」（justify）維持對香港的特別待遇。

也許這辭措的調整，就是陳方安生心目中的美方的「紅旗」。問題是，美方自己沒有說那是對香港特別行政區及其政府的警告，陳方安生點破其中含意，究竟是美方授意？抑或她心領神會？無論如何，是陳方安生替美方扛起了一面旗幟，這面旗幟就是號召和匯攏香港的「拒中抗共」分子，充當美國調整其對港政策的打手，充當美國全面遏制中國的馬前卒。

「狐假虎威」，要挾香港

什麼叫「狐假虎威」？陳方安生活脫脫就是一個例子。她威脅香港——如果香港在「美國—香港政策法」下的特殊地位被取消，即使只是一部分，也會對香港經濟、國際地位以及「一國兩制」是否仍然真實存在的觀感造成重擊。

她要挾香港——香港作為美國的貿易夥伴非常重要，不僅對大型的本地、跨國公司以及以香港為總部的金融機構，而且對香港經濟、民生、大量中小企的作用也是一樣關鍵。她替美國宣揚——美國政府需要繼續支持香港的自由、生活方式，「不僅因為它們對美國的利益而言是關鍵的，而且因為它們是獨特於中國的」。

有一位朋友在他的評論文章中問了一個問題：為什麼美國國家安全委員會安排陳方安生等人在美國國務院發表關於「美國—香港政策法」二零一九年報告之前訪問美國、談所謂對「美國—香港政策法」的意見？

我的理解，這是美方的策略。美國國務院的報告仍然延續「美國—香港政策法」，這是留有餘地；但是，在香港，美國駐港澳總領事唐偉康煽風點火，在美國，讓陳方安生等人提供「證詞」，為美方將很快調整其對港政策做準備。

二月二十七日唐偉康在中環「美國會」以《香港在印太經濟的角色》為題發表的演講，透露美國調整其對港政策的方向，這就是，絕不會輕易放棄美國在香港長期經營的利益和影響，欲把香港當作美國推行其印太戰略的一枚棋子。

美國以「印太戰略」來取代「亞太戰略」，目的是削弱中國的國際地位和影響力。香港是中國不可分離的一部分，是中國的特別行政區，卻被美方視為一個獨立實體，能夠在印太區扮演獨立角色。於是，唐偉康大談香港高度自治的重要性，幾乎到了把自治與獨立相混淆的地步。

陳方安生拾美國人的牙慧，稱香港的自由、生活方式，不僅對美國利益是關鍵的，而且它們是獨特於中國的。請注意「獨特於中國」這一表述，在觀念上與「本土自決」和「港獨」有何兩樣？

從各種跡象看，美國政府不會很快取消「美國—香港政策法」，果如此，則不僅損害在香港的逾千間美國公司的利益，而且，會把香港商界財經專業界和大多數香港居民推到美國的對立面。

保持清醒，勿被玩弄

美方可能的做法是，拿取消「美國—香港政策法」來要挾香港特別行政區政府和市民，挑動香港商界財經專業界與國家離心離德，藉以鞏固和擴大美方在香港的影響力。

因此，特區政府和香港社會各界首先必須客觀評估「美國—香港政策法」。最近，雷鼎鳴教授撰文指出，「美國—香港政策法」存廢對於香港的影響不大。這是值得深入闡述的觀點。

同時，特區政府和香港社會各界必須頭腦清醒。香港不可能被美方玩弄於股掌間。什麼「香港在印太經濟中的角色」，純屬是有人臆想。香港是粵港澳大灣區一員，對中國經濟做重要貢獻。任何企圖把香港視為或當作獨立實體的人，都是在白日做夢。

美方看中陳方安生，是因為她是香港的知名人士。一九九七年六月三十日夜至七月一日凌晨，在香港會展中心新翼香港回歸祖國儀式上，陳方安生坐在中英兩國代表團之間的形象，至今令我難忘。她告訴世人，她雖已不方便再視自己為港英政府布政司，卻也不願意歸入中國香港行列。正是這種狂熱的「戀殖」情結，一步步引領陳方安生走到今天甘心替美方扛旗。

這是陳方安生個人選擇。但是，她沒有權利替香港特別行政區選擇。香港特別行政區的前途和命運，關乎絕大多數必須在這座城市生活下去的香港居民的前途和命運，他們是芸芸眾生，沒有資格受美方禮遇，因此，請受美方禮遇者莫替他們安排前途和命運。

最後，奉勸陳方安生，請牢記自己家族的抗日歷史，切莫挾洋自重。

第二章

用語言構建的政治想像

角鳩鳴團
The Democratic
主黨
鳩鳴
我 人
要
6 8 狗
出 來 和
覺
公

跟「泛民主派」玩「數字遊戲」

江迅

筆者學文科，卻對數字敏感；職業寫新聞，常常會用實實在在的數字表述觀點。最近這些日子，有一些數字常常被人引用，那就是「十三萬」人，還有即將來到的六月九日的「三十萬」人。

這「十三萬」成了一個指標。被反對派稱為「香港民主之父」的民主黨創黨主席李柱銘，五月七日在報章撰文稱：「『民陣』第二次發起反修訂《逃犯條例》遊行，有多達十三萬人參與。然而署理特首張建宗竟指……」；五月八日香港大學法律學院教授陳文敏亦在報章撰文說：「儘管有十三萬人上街遊行，政府依然一意孤行」；五月二十二日「新民主同盟」立法會議員范國威認為：「十三萬人上街代表民意，對修例的關注及憂慮……」

立法會審議《二零一九年逃犯及刑事事宜相互法律協助法例（修訂）條例草案》（簡稱《逃犯（修訂）條例草案》）前，「民間人權陣線」（「民陣」）於四月二十八日發起第二次反修例遊行，「民陣」宣稱參加遊行人數達十三萬人，而警方則表示高峰時段只有二萬二千人參與。「民陣」召集人岑子傑日前透露，有意在條例草案在立法會恢復二讀辯論前的周日（即六月九日），發起第三次反修例遊行，希望動員三十萬人上街。這「三十萬」，就是以「十三萬」為基礎而作的預估。

違反常理的誇張數字

那這「十三萬」人數的依據何在？日前，我聽好友雷公作過一番分析。這位香港科技大學榮譽大學院士、科大經濟系前系主任雷鼎鳴教授說，計算遊行人數的關鍵是估計人龍有多長。從起點東角道到終點政府總部，共約三千米，供遊行示威人士走的路寬十米。帶領龍頭的人共走了一百二十分鐘，於五點半到達終點。當龍頭的人到終點時，龍尾在哪裏？五點半這一刻的龍尾示威者要多走一百分鐘才到終點。既然龍頭要走一百二十分鐘才走完三千米，那麼龍尾一百分鐘約可走到二千五百米，也就是說，龍頭與龍尾的距離應約二千五百米，即五點半這一刻，示威人士佔有的總面積是二千五百米乘以路寬十米，即二萬五千平方米。

雷公繼續說，這塊地可容納多少人？如果是十三萬人，這便意味每一平方米要容納十三萬除以二點五萬等於五點二人。唯有人人都如沙甸魚般擠在一小型電梯中，這才勉強可能。示威時要行走，舞動手腳，從以往示威可見，平均一平方米一個人也會嫌擁擠，每平方米假設站一人已經是高估的，五點二人則是太離譜。如果每平方米一人，總人數便是二萬五千人，警方的數字明顯可靠得多。用點常識，便可看出誰在造數。

雷公說：「我已查過一些資料，整條軒尼詩道才一點八六公里長，計算中用的三公里大致準確。示威隊伍用一邊的路，三車道的規格是十米寬，軒尼詩道有部分三車道，有部分是二車道。我的估算不可能完全準確，但一定比『民陣』所說的十三萬人接近事實得多。」

每一次遊行示威，舉辦方和官方各說各話，所說的人數相差特大，媒體和一些政治人物卻喜歡引用毫無根據的主辦方聲稱的數字。現在有了無人機，其實人們可直接在空中點算人頭，把不同地段的人頭密度抽樣數一數，便不難推算出結果。

過去十多年來，反對派一直試圖用「遊行人數」代表「主流民意」。以二零一三年「元旦遊行」為例，「民陣」當時稱人數有十三萬，警方數字則指高峰期有二點六萬人參加。而二零零三年反對《基本法》第二十三條立法的「七一」遊行，「民陣」當時說五十萬人參加遊行，警方則稱有三十五萬人從維園正門出發。「民陣」主張十六年後的今天，只要遊行人數達三十萬，就有望阻止《逃犯條例》修訂。其實，當年五十萬人上街的背景是經濟衰退、樓價暴跌、產生大量負資產等因素，導致社會怨氣頗重，並非所有參加者都是衝着二十三條立法，一部分是因為對政府不滿，要求時任特首董建華下台。純粹為反二十三條立法而上街的人絕對沒有五十萬人。何況，當年政府終止立法程序，主要是法案表決前，自由黨議員突然「倒戈」改變立場所致，絕非因為遊行人數所致。

反對派一直在玩「數字遊戲」，據筆者愛玩數字遊戲的朋友說，「二零四八」、「數字十」、「數字消除」、「數字解密」等經典數字遊戲，都可以在手機應用程式商店下載。數字遊戲又稱第九藝術，相對於傳統遊戲，別具跨媒介特性。說到這裏，我們不妨也穿越時空、跨越領域，看看其他一些數字。

豈能無視支持修例民意

——三個多月前，多個反對派政黨都在維園年宵市場開設攤位藉此吸金，但籌款數字明顯較上一年下跌。「香港眾志」籌得四十八萬港元，較上一年大跌四成；「支聯會」籌得三十五萬港元，下跌百分之七……能不能說，反對派在市民心目中的分量，出現走下坡趨勢？

——四月中旬，香港「護港安全撐修例大聯盟」推動聯署支持修例活動，截至五月十日，有二十四萬市民聯署；五月十九日破三十六萬人；五月二十四日破四十三萬人。這數字的增長是否顯示了支持修例的主流民意呢？

數字還有更多，限於篇幅，無法都拿來「遊戲」。且看六月九日的遊行，參加人數是否如「民陣」所想般達三十萬人；「民陣」又會怎樣操弄「數字遊戲」，市民可以拭目以待。

要負最大責任的，是那些濫用「言論自由」的人

雷鼎鳴

年輕的讀者或許不知道，在「九．一一」以前，世界各地的機場保安都甚鬆懈，乘客若不用過移民局的話，可隨便跑到上機的閘口，送機者也可隨便跑到那裏，不用安檢。今天當然不同，沒有機票的不能到閘口，乘搭飛機的不但不能帶利器，帶瓶水也不能，大家都要在安檢前排隊，浪費時間，有時私隱也不保，自由不能說沒有被侵蝕。

「港獨」，請你不要「累街坊」

不過，我們絕不應怪保安當局這樣做，因為大家都知道是恐怖分子帶來的社會破壞，後者才是侵蝕我們自由的元兇。我們愛好自由，對言論自由及學術自由都要捍衛，也都不想發表觀點時要小心翼翼，生怕無意中觸到法網。長久以來，我與同事在學術界或在公眾中發表意見，都未有感覺到自由被什麼人限制，最多只是被一些極端分子辱罵幾句，香港的確仍有高度的言論及學術自由。

然而，近年來社會卻也有不少人對一些不負責任的言論提出質疑，不再信任寬鬆的言論及學術環境

仍然行得通。這種情況使人傷感，但誰是破壞學術及言論自由的始作俑者？我相信要負上最大責任的，是那些濫用言論自由的人，他們常常發表極端言論，甚或用仇恨語言、經不起考驗的理論，去鼓動受眾做一些破壞社會利益的行動，有了這種人，自然會引致反彈，社會中有訴求要限制他們的言論自由，在過程中，其他無辜的人的自由也可能被波及，就像天性和平的人在機場也要被拖累，不得不過安檢一樣。

那些「累街坊」的人原本不一定有意要侵害別人的自由，但這些人中大部分根本不懂得做事前都應「沙盆推演」，預先估計自己行動的後果。他們應為自己的魯莽及無知負上責任。

挑釁中央，不可能討得了好

發表言論的場合是很重要的，在浴室中唱歌，無人會理會你，但在擠迫的地鐵中突然走音狂歌起來，卻有可能被認為是犯了公眾妨擾罪。要知道，支持「五獨」中的不少人，不但支持，還實踐恐怖主義。香港有位學生之前更公開説「中國是敵國」，此等言論，在美國可能已構成叛國罪，被監視或抓起來，起碼聯邦調查局已找他「談話」了。

在充滿政治性的「五獨」集會中大講中國崩潰便可怎樣怎樣，會有什麼後果？這有如在癮君子大會中高呼吸毒是個選擇，別人不把你當作毒販才怪。此等觀感，涉事者不可能不一早知悉，但為何明知中國及港人反對「港獨」的底線，而仍會力圖踩紅線？説來也慘情。這些人多年前本不是思想極端之人，但卻走上錯誤路線，以為不斷挑釁對方才是推動社會變革之道，殊不知中央政府本來已甚忙碌，無暇理港事，但眼見有些人在不停測試中央的底線，便不能不懷疑他們的用心，再而訂下種種政治界限，這便破壞了港人本來擁有的寬鬆環境。而且中國國力強盛，處於上升期，反對派不可能討得了好。

他們理論上及實踐上都無出路，惟有幻想出一個「中國崩潰論」，以為中國崩潰了，他們便有空間搞自決搞「港獨」。但只要看看中東某些國家戰亂的歷史，人們便可知不識進退者的慘烈下場。

想靠宣洩情緒造就社會進步？香港值得注意的三件事……

周八駿

成熟的人，無論其政治立場和觀點如何，都懂得把情緒的宣洩和理性的判斷區別開來、把一廂情願地企盼和腳踏實地努力區別開來、把天馬行空地想像和高瞻遠矚地進取區別開來；同樣的道理亦適用於城市。二零一八年六月，香港至少有這樣三件事是值得注意的。

自以為真理在手，卻在偏執於情緒

第一件是哈羅香港國際學校在二零一八年六月四日向家長發通告，表示該校一年級至五年級的「初級班」（Lower School）學生，至今是以繁體字或簡體字學習中文，校方認為「雙軌制」不是對學生學習最有利的制度，因此決定自二零一九年八月新學年起，「初級班」只以簡體字教授中文。通告稱，校方明白現時環境下學習繁體字較為理想，但是學校需要為學生準備相關課程，令他們有充足的語文讀寫水平應付「二零四七年的香港」。

第二件是香港中聯辦在當天下午召開領導班子會議，傳達學習習近平總書記在中國科學院第十九次院士大會、中國工程院第十四次院士大會上的重要講話精神，並研究貫徹意見。

第三件事是當晚支聯會舉辦活動，聲稱有十一萬五千人參加，較二零一七年多了五千人，警方公布的參加人數則是一萬七千人，比二零一七年少一千人。第三件事和第一件事，是情緒宣泄和理性務實的對比，第二件事則是積極進取的示範。

有一種觀點稱：二十九年前發生的事件，而今只有一部分香港人一直記住，是香港獨特而彌足珍貴之處。持這種觀點者應當換一個角度問：為何只有部分香港人一直以二十九年前事件來攻擊國家，而忽視國家在這二十九年裏大步向前？為何全球其他地方華人沒有如他們般看待中國四十年改革開放發展進程的曲折？自以為真理在手，卻是偏執於情緒。情緒可以出詩歌，卻不可能造就社會進步。不久前，因為某一篇關於香港人母語的論文，反對派再次攻擊國家。作為時事評論員，筆者沒有參與同反對派的爭論，因為那是無事生非。

二零一八年五月十八日香港大學教育學院副教授李輝發表文章《適得其反的母語教學改革》，稱：「嚴格意義來講，絕大多數港人的母語應是以粵語為口語、以現代標準漢語為書面語的中文。這就叫『一語兩制』：一個母語，兩種形式。筆者是湖北人，自幼習得的母語就是以湖北話為口語、以現代標準漢語為書面語的混合體。所以，『大多數港人的母語是中文』這一說法是對的；而『大多數港人母語是粵語』的說法則不正確。」

李輝批評：「香港母語教學改革失敗的真正主因，還在於教育主管部門對母語、母語教學，以及整體語言教育政策既沒有長遠、科學的規劃，也沒有客觀、可信的實證研究。決策草率、實施倉促，效果適得其反。」亦即是說，錯不在母語是中文，錯在使用中文為母語的方法。

哈羅香港國際學校二零一八年六月四日的通告，則是基於務實而前瞻的判斷，為香港下一代謀策。其實香港已有多所國際學校推行「簡教中」——有二十二所學校的英基學校協會，除了啟新書院，全部使用簡體中文授課；耀中國際學校以普通話和繁體字教授中文；漢基國際學校以繁體字教學，簡體字教學用於初級班、學過簡體字的學生和特定教材。國際學校的辦事者，也許是因為沒有遭到本地反對派人士的偏見而顯得理性且務實進取，他們至少明白香港必定逐步與內地融合。

「兩院」大會上的重要講話，不必向香港宣講？

二零一八年以來，香港中聯辦顯著提高了透明度，一是及時公布中聯辦領導班子會議信息，二是開始組織對香港社會開放的活動。新做法「一國兩制」下與時俱進的措施。有一種觀點稱：國家領導人涉港指示對香港有意義，關於國家大局的意見則可以與香港無關。

根據這樣的觀點，中聯辦領導班子學習貫徹習近平總書記關於在港二十四名兩院院士信的重要指示，同香港有關，向香港社會公開是合適的；而習總書記在「兩院」大會上的重要講話，則不必向香港社會宣講，這種觀點是完全錯的。

第一，香港從回歸祖國那天起就已納入國家治理體系，中央就對香港擁有全面管治權。第二，習總書記批示在港二十四名兩院院士信，有關方面貫徹落實總書記指示，體現香港科研力量是全國科研力量一部分；國家科研資金過深圳河，具有突破性意義。第三，中聯辦領導班子會議提出，從五個方面貫徹落實習總書記重要講話和指示：

一是不斷加深對創新驅動發展重要性、緊迫性的認識，把支持特區政府發展創科擺在更加重要的位置；二是推動和配合做好中央對港科技政策供給，努力實現中央惠港科技政策在港「上岸、落地、落實」；三是充分發揮中央支持香港創科發展體制機制的作用，促進香港經濟發展和民生改善；四是促進粵港澳大灣區科技創新融合發展，發揮好香港在提升國家科技事業國際化水平中的作用；五是深入貫徹人才是第一資源方針，吸引凝聚國際高端人才，支持特區政府大力培養培育香港青年創新創業人才。這一切措施都旨在推動香港務實進取。

媒體追問香港狀元的政治立場，用意何在？

凌多多

二零一八年七月十一日，是香港中學文憑考試（簡稱文憑試，或DSE）放榜的日子。榜單一揭曉，狀元自然成為聚光燈的寵兒。中學文憑試相當於香港中學生的高考，今屆共誕生六男三女共九位狀元。然而有港媒在報道時，關心的問題並不是狀元的讀書心得、學習方法，而是他們對當下有爭議的香港時事的看法。為什麼媒體要追問狀元們對社會和政治的看法？用意何在？

近年，評論狀元們的政治社會意識成為一種流行趨勢，曾經有媒體直接批評那些成績好、對時事持冷漠態度的高材生「不關心社會」、「高分低能」，甚至還有更壞的形容詞。面對一些港媒記者直接向他們提問頗為敏感的政治話題時，新一屆DSE狀元們也表達了自己的想法。但是為了博人眼球，最後報道的題目卻寫成了：「『DSE狀元講政治』十六歲狀元批一地兩檢」。

有記者提問如何看待「一地兩檢」的安排，聖保羅男女中學的狀元表示，不贊成「一地兩檢」的安排，認為應該捍衛香港法治。又有記者提問狀元們對於《國歌法》的看法，拔萃女書院的其中一位狀元指立法原意為培養公民質素、尊重國家，但如手法強硬可能令社會覺得有「洗腦」之嫌。兩位女狀元均對普教中有保留，雖然普通話教學有助改善中文作文，但亦有可能影響本地文化承傳。媒體報道直接挑選狀元說「自己的母語為『廣東話』」這樣的回答。

而此次分數最高的「超級狀元」，來自喇沙學校的黃子衡則認為，對國歌表示尊重很合理，且法例只限制公共場所，若沒有干涉私人活動屬於可接受範圍。儘管是「超級狀元」，也因為回答內容與該媒體的立場不同而被放在了報道最後的位置。

不難發現，學生是在記者具有引導性的提問下回答問題的。作為媒體，在整理和編輯新聞材料時，把焦點完全投放在負面的觀點上，對正面的看法卻避而不談。而狀元們對媒體所說的話可能亦未經過太多深思熟慮，最終有被媒體過分詮釋的可能。有網友認為，媒體這樣報道是否太過政治化了？亦有網友表示，政治真的這麼重要嗎？香港這麼多年誕生這麼多狀元，並沒有一個是大政治家及大科學家。

據了解，早在二零零三年，有關中學高考和會考放榜的報道中，有一篇報道，標題為「談廿三條：『應立法卻非現在』，女狀元關心政治不是書呆子」。狀元不太願意談及政治就是「書呆子」？學生寒窗苦讀十年就因此而成為被攻擊的對象，那麼當下的狀元願意回答記者提出的政治性問題，是不是也有怕被批評的擔心呢？

而另一方面，僅憑一兩句簡單的「我贊成」、「我反對」，就能夠說明狀元們對這個話題有了全面而深刻的理解嗎？就能代表其他十六、十七歲學生們的觀點嗎？成績好就等於所表達的觀點有說服力嗎？媒體追問學生們對社會和政治的看法，是將未成年人推向前排，利用社會對學生的包容和寬容，借用那些經過篩選的言論，企圖以此作為催生世代矛盾的工具，這恰恰是媒體不應該做的。

虛假消息的挑撥唆弄，使得香港內耗？

邵盧善

二零一八年七月，社交網頁熱傳一段視頻：國際知名影星羅拔迪尼路，在舞台劇奧斯卡的「東尼獎（Tony Award）」頒獎禮上，用以F字頭的四個字母粗言「問候」美國總統特朗普，台下嘉賓觀眾熱烈鼓掌，起立支持。外人難以明白，為何眾多美國人民厭惡特朗普，但保守陣營依然死忠支持。

打開美國電視新聞網絡，不同意見族群撕裂之深，不同黨派人士敵視仇怨之烈，令人怵目驚心。NBC、CNN的評論節目天天修理特朗普政府，斥罵，嘲諷，不留餘地，甚至有評論員直指特朗普說謊講大話。保守右派的FOX則大力為總統護航，標籤對手是假新聞（fake news）大本營。

近代世界政治局勢發展明白顯示，備受歐美推崇的代議民主政治，出現了嚴重問題，社會失去互信共識，或政黨叢林，沒有一個黨穩定當政，社會發展沒有持續方向；或是兩黨輪替變成兩黨輪砌，朝野輪流互拖後腿，內耗不已。

近十年來，美國早有所謂親共和黨的「紅州（Red State）」，以及親民主黨的「藍州（Blue State）」，奧巴馬任內標榜「there are no red states and blue states, only United States」強調沒有紅州或藍州之分，只有一個美國，可惜，特朗普上台又盡有顏色之分。

特朗普憑着民粹支持上台，當家執政繼續操弄民粹，最厲害的一招是把所有不利他的資訊抹黑為「假消息（fake news）」、不迎合他的媒體標記為「公眾的敵人」，於是，大部分他的擁躉只相信他的推文（twitter）。其實，發布最多不實消息及不公評論的就來自他本人的推特，特朗普藉此牢套支持者，自詡是共和黨歷史上黨內支持最高第一人，還超越了林肯。可是特朗普抹黑對手的「假新聞」也嚴重撕裂了美國社會。

假新聞不是新鮮事物，人類社會有消息流通以來，就有真真假假、半真半假的形形式式消息，即使新聞傳播成為專業之後，有了各式規範、守則，仍然杜絕不了假新聞的流通，這些假新聞對社會造成一定傷害，有些國家地區，明文制定相關刑法，處分故意發放虛假消息者。

不過，特朗普所針對的「假新聞」，有異於中外社會一般認知的「假新聞」。所有不利於他的消息都是他眼中的 fake news，就算是引述他親口所說的原話，他也可以硬指記者曲解他的原意，是假消息。

資訊科技發達，催生各式社交網絡，多樣化的資訊平台如雨後春筍，不但加快信息傳遞速度、也擴寬發布廣度；既壓縮了核實一段訊息的時間，也增加糾正錯誤的困難，虛假消息對社會造成的影響深遠難以估計。

美國鬧得漫天風雨的「通俄門」調查，更暴露了發布「假新聞」的奸巧凶險，外國勢力足可操弄、扭曲各式真假消息，攪垮特定對象或國家，連文明發達、人民知識水準高的美國也中招。因此，世界各國近年紛紛提高應付假新聞的警覺。

香港中文大學與英國牛津大學路透新聞研究所，在二零一八年六月發表了《二零一八年數碼新聞報告》，對包括香港在內的三十七個國家或地區進行網上調查，研究各地對各類假新聞的擔憂程度。中大新聞與傳播學院李立峯教授，在《明報》撰文評述香港人如何看待假新聞，調查顯示，港人對各類假新聞的擔憂程度，遠低於其他國家地區。

擔心「政治或商業動機編造新聞故事」的港人比率為百分之四十八（其他國家為百分之五十八）；擔心「推動特定議程而扭曲事實」者佔百分之四十四（其他國家佔百分之五十九）；擔心「標題看來是新聞故事的廣告」者為百分之二十五（其他國家為百分之四十三）。

港人沒有那麼擔憂假新聞的危害，部分可能由於特定的政治與文化背景。歷經上世紀五、六十年代，港人充分體驗社會穩定的重要；加上香港一向對外開放，資訊自由流通，上世紀七十年代文字媒介最鼎盛時期，中英文日晚報及定期刊物七十多家，立場多元，港人早已慣見各種既定立場的新聞編採與言論。

不論左中右、不論自由或保守，港人自行過濾調整以大致掌握社會實況。八、九十年代，香港新聞業逐步擬定專業守則、建立公信指表，學術組織定期調查，別有用心、挑撥族群仇怨的虛假消息難以得逞。

回歸之初，特區社會探索適應「一國兩制」之道，先後發生亞洲金融風暴及非典型肺炎（沙士疫症）等人禍天災，人心動盪，平衡多年的媒體生態失調，推動特定議程而扭曲事實的消息迭起，社會因而分化，族群因而撕裂，佔領中環及旺角暴動等不幸事件接踵發生之後，社會人心亂極思治。

社會分化沒有共識，原因複雜，主要是族群失去互信，分歧觀點極易受到內在或是外來唆弄。美國

「通俄門」調查揭露，挑起美國社會撕裂內耗的手段匪夷所思，既有駭破民主黨總部電腦，暴露黨內競選策略，刺激黨內不同派系內訌；也有假扮某候選人的支持者發文攻擊對手，挑動對手反擊……

他山之石可以攻錯，在香港社會各界重建互信基礎之際，更要慎防出現以偏概全或是扭曲事實的虛假消息挑撥破壞。一方面，政府草擬政策過程盡量透明，各類媒體堅持專業守則維護公信；另一方面，新聞界與學術界不妨合作，提高港人新聞素養，過濾虛假資訊，避免受到不懷好意者挑撥唆弄，減少社會分化內耗。

香港反對派冷嘲孟晚舟，離不開故弄玄虛的伎倆

屈穎妍

女兒問：為什麼有些人一見狗就本能地害怕？

親子專家分析認為，孩子對事物本無喜惡愛懼，他們的感覺，全在乎照顧者如何解讀。舉例說，大人一見到狗就對孩子說：「別靠近，狗狗會咬你」。又或者在黑暗處嚇唬小孩：黑猛猛，小心鴉烏出來捉你！久而久之，小孩就會心生一種對狗和對鬼的自然恐懼。

反對派用的就是這種先入為主的手法，讓大眾接受他們的立論，然後漸漸失去冷靜分析的本能。立法會議員涂謹申這幾天如獲至寶說：「嘩，你看這個孟晚舟，竟然手持三本特區護照，還不是有問題？」用的手法，就像關了燈嚇細路說：「鬼～來～了！」

驟耳聽、驟眼看，好人好姐拿幾本護照，似乎又真有什麼不可告人的秘密……但細心想，其實我們每人至少也有幾本護照，過期的、印章蓋滿了的、損毀了的、遺失了的……朋友上星期去美國，就是拿着兩本護照入境，因為他的美國簽證是貼在過了期的舊護照上，護照過期而簽證未過期，於是他便拿着新舊兩本護照出入。

有一些事情，想深一層，其實是常識，日理萬機搭飛機多過食飯的生意人，一人持幾本護照，不足為奇，香港不是也有好多人一手持特區護照，一手持BNO（英國國民海外護照）嗎？哪本護照方便出入就用哪本，是人之常情吧？普通一個香港市民尚且如此，為什麼一個內地商人這樣做就是有蠱惑？

這種故弄玄虛製造負面效果的手法，反對派已不是第一次用。記得立法會辯論高鐵「一地兩檢」時，朱凱廸也是用這種手段引市民進入他的歪理黑洞。她說：「實名買高鐵票，是前所未有地暴露了市民的私隱。」

不經大腦地聽，你會「係喎係喎」地相信，然而轉念想想，我們買機票不是實名嗎？不是一樣呈上證件號碼嗎？為什麼我們從來不覺得私隱被侵犯？二零一七年六月被炒貴幾倍的久石讓音樂會門票，要實名登記買票來杜絕黃牛，那時候，為什麼朱凱廸沒跳出來說：「康文署侵犯市民私隱？」

反對派說的話，停一停，念一念，你就會發現，破綻處處。

「佔中」搞手利用三招在全港煽風點火

阮紀宏

以前的「怨婦三招」是「一哭二鬧三上吊」，現代怨婦不哭也不上吊。「佔中」搞手被判罪成後的三招則是：指控司法不公、呼籲外國政府支持，以及向傳媒訴說。他們跟怨婦一樣，廢了兩招，只剩下一招。隨着案件可能上訴，傳媒肯定會繼續跟進，給搞手曝光的機會，但不要忽略他們的其他兩招為何失效。

「佔中」搞手第一招

「佔中」搞手只有「鬧」的招式，先是大張旗鼓發動「佔中」，後來場面失控，他們卻沒有劃清界線，種種做法不斷受到質疑。但警方清場時，他們反而束手就擒，這是他們四年後被判有罪，仍然能夠站在道德高地去訴說的唯一「正當理由」。或者被捕被判本身，也是「計中計」的一部分。

任何被告上法庭而又不認罪的，即使法庭認為證據確鑿，他們都會挑戰司法不公。搞手也是凡夫俗子，當然也不能免俗。有關控罪是否合理、證據是否足以證明有罪、疑點利益是否歸被告等等，都會在上訴庭再次被考慮，上訴失敗還有終審庭，控訴不公還會繼續。

搞手當中不乏大狀，他們在終審庭判決前，嫻熟地運用法律觀點去訴說，是他們的職業本能，笨拙的招數就是過早地控訴整個司法制度。被判有罪的黃浩銘在法庭陳情時，引述終審法院前常任法官鄧楨的退休致辭中提及的：「普通法同樣可被用作欺壓的工具。」

這一招肯定會被用到，「低手」過早用，高手會等到終審後才用，而且大狀只會說失望或者遺憾，而不會說整個司法制度崩潰，因為他們還要靠這個法律制度去吃飯。這些都不是重點，重點是英美政府為何沒有高調譴責法院對搞手的有罪判決？

「佔中」搞手第二招

先說英美政客與政府沒有像香港的「低手」般譴責普通法，換句話說，他們還是尊重法院判決，因為外國投資者在香港的利益，完全是依靠整個司法制度去保障。從投資合同到資金自由流動的法律依據，一旦出現爭議，從律師之間的私下解決，到法庭裁決，都是跟英美實施的普通法看齊。

香港的各級法院還聘很多外籍法官，英美政府絕對不會將香港司法制度的信譽跟「佔中」搞手捆綁，無論這是否叫「犧牲搞手」。所以直到目前為止，英美政府沒有就搞手被判有罪的消息發表聲明，他們只是說會關注及跟進。至於一些政客，比如說幾句嚴厲譴責的，也只是隔岸觀火的幾個國會議員。

搞手可以不停告洋狀，但英美政府在處理時會有分寸，不會跟着搞手起舞。所以，搞手的第二招不起作用，剩下的只有依靠香港傳媒給他們說情。

「佔中」搞手第三招

香港傳媒是否有章法？或者在平時還會秉承客觀公正的新聞原則，但面對「佔中」議題又會「法外開恩」？這是十本書都寫不完的題目，但搞手又是什麼境況呢？

搞手中的高手，本來就懂得有效使用媒體策略與技巧，而且能恰到好處地掌握火候，什麼時候用「無怨無悔」這一招，誰用「不為自己只為老人求情」的策略，相信事前都有默契。目的只有一個，就是一旦他們進去監獄受刑，希望那些認為他們是大義凜然的信眾，會在監獄外守望他們，繼續看他們的社交媒體日誌，到了特定節日給他們送一束花，哪怕是網上虛擬的也好。

至於搞手中的「低手」，往往會埋怨那些不能像他們堅守信念的人是「變得世故」了，或者表面上是為那些要謀生活而不繼續抗爭的人開脱，實際是暗罵他們只懂得物質生活而不為香港前途着想。「低手」更普遍使用的一招，是將他們的「義舉」跟《逃犯條例》修訂、DQ議員或者參選人，甚至跟《國歌法》立法扯上關係，試圖把所有他們反對的事情畫上等號，支持一項就不能放棄任何其他的一項，以模糊的概念混淆那些有獨立見解的市民。

「佔中」搞手的「三招」，是想延續「佔中」效應，將「佔中」消費到底，為即將舉行的區議會選舉和二零二零年的立法會選舉，埋下繼續延燒的火種。也就是説，金鐘的火滅了，他們還要在全港繼續煽風點火。是否得逞，要看市民的反應。但他們這樣做，有想過後果嗎？正如他們在發起「佔中」的時候，有想過後果嗎？

「佔中」已經結束四年多，現在是以法律形式為這場社會運動劃定性質，是討論整件事的重要一環。尊重法律和法庭判決，才能對這場運動有一個理性的討論。「情與淚」只是戲劇的橋段，不利於理性討論。如果香港不能對這場運動給出一個理性的定義，說不定搞手們什麼時候又弄起了「佔東佔西」，香港將永無寧日。

「佔中」發起人被判入獄，他們煽情所掩蓋的真相

楊志剛

編按：「佔中」九人案於二零一九年四月二十四日判刑。當中，唯一「女主角」陳淑莊在開庭時呈上腦部掃描報告，因病情危及生命，腦部需做手術，法官接納並延至六月十日再判刑。戴耀廷、陳健民、朱耀明被判囚十六個月，除朱耀明獲准緩刑兩年外，其餘兩人即時入獄，由囚車送往荔枝角懲教所。戴耀廷在上庭前表明會就結果上訴；陳健民則指，會與律師商討後才決定。其餘五人中，張秀賢被判社會服務令兩百小時，邵家臻、黃浩銘、鍾耀華、李永達均被判入囚八個月，但鍾耀華及李永達獲准緩刑兩年，邵家臻與黃浩銘即時入獄。

民運領導者鮮能承認自己的失誤

歷史的眼光從來冷峻，雖然凝視着的是慷慨激昂的自我犧牲和動人心弦的偉大宣言。「佔中」發起人之一朱耀明牧師在法庭讀出他的陳詞《敲鐘者言》，期間數度哽咽，觸動無數香港心，法庭旁聽席上亦一片啜泣聲，叫人動容。親建制派媒體雖然一直對「佔中」搞手大肆抨擊，例如稱香港大學法律系教

授戴耀庭為「戴妖」，但對朱牧，還是筆下留情，給了他應有的尊重，亦顯示出媒體的自重和得體。

朱牧慈愛和憐憫的目光，如何回眸歷史冷峻的凝視？朱牧充滿善良和愛心，對理想執着、對弱小社群由衷關懷；他以七十五歲之齡，在爭取民主的漫漫長路上巍巍峨峨、義無反顧，讓人敬重。

法官判被告有罪，只有一個原因，就是被告犯了法。但是犯法的動機和原因，卻可以絕然不同。不同的犯法動機，會導致犯人絕然不同的心靈境界。存心作奸犯科的罪犯被判罪名成立時，總是俯首無言，亦有犯人被定罪後，向受害人和其家屬道歉。但朱牧卻朗誦了洋洋七千多字的宣言。

「在我心中，在法庭的被告欄，是一生牧職中最崇高的講壇，死蔭的幽谷成就了靈性的高峰。在乖謬的時代，在專橫的國度，在扭曲的社會，我甘願成為一個勇敢的敲鐘者，喚醒人間昏睡的靈魂」。朱牧的《敲鐘者言》是這樣開始的。

朱牧全情投入了「最崇高的講壇」，攀上了「靈性的高峰」，並擔當起「喚醒人間昏睡靈魂的勇敢敲鐘者」這個高貴的角色。以牧師一貫的謙卑，是不會隨便和公開地這樣自我冊封的。人無完人，就是在這個心理關口，明若朱牧，亦未能跨過。

這個關口，使民運領袖不可能承認自己任何失誤，因為一旦認錯，不但否定了自己的追尋，更嚴重的後果，就是使其追隨者所作出的一切犧牲，都被貶為基於錯誤追尋而作出的白白犧牲。這會摧毀民運領袖的道德力量，並否定自我價值，把崇高變為愚昧。心靈上的絕不妥協，拒絕承認「群眾因我的錯誤而白白犧牲」這個心理關口，無論多麼偉大的領袖，都鮮能跨越。

這包括英國前首相貝理雅。二零零三年美國為了石油美元霸權和小布殊競選連任的私利，揑造假證據，誣揑伊拉克擁有大殺傷力武器，欺騙全世界，並夥同西方國家包括英國出兵侵佔伊拉克，導致這個中東文明古國逾五十萬平民死亡，國不成國。

十三年後的二零一六年七月六日，英國發表官方調查報告，指貝理雅扭曲情報，以支持出兵。面對鐵證如山，貝理雅在記者會含淚道歉：「我在此表示的痛苦、難過、和懊悔，超過你們所能想像和相信的。很明顯，我們當時所得的情報是錯的，但我不接受在伊拉克陣亡的（一百七十九名）英軍，是『白白枉死』這個說法。」

正是這個關口，雖然含淚道歉，但貝理雅仍然不能跨過。劇情和國情需要，這些陣亡英軍的墓誌銘一定是要這樣說的：他為了保衛家國，為了讓世界免受恐怖襲擊，為了世界和平，他勇敢地犧牲了年輕的生命。

雖然含淚，但所謂「犧牲」的真相難以啟齒：你的陣亡，是因為我們愚昧地誤信了美國的偽證據。你並非為國捐軀，因為英國從未受到伊拉克的威脅。這是違反人道的血腥侵略。你在戰鬥中所殺的，亦非你的敵人，而是無辜的平民。你是白白的枉死了。這是愚昧的、無謂的犧牲。

但是這樣的論述，對「為國捐軀年輕英雄」的父母妻兒和廣大國民，情何以堪？為了民主運動的不斷承傳，所有的犧牲，必需賦予崇高的理想。論述中的犧牲越大，則民主運動和其追隨者的悲情越深，使抗爭的力量更大，促成更大的犧牲，這樣的循環才能持續。

「佔中」者能否承認錯誤？

「佔中」領袖並無好好守護我們學生。香港大學女學生許嘉琪因參加「佔中」所誘發的旺角騷動而被定罪，現時仍然在坐監；另一港大生梁天琦，同樣因旺角騷動被判監六年。青年學生因犯法而坐牢，前途盡毀。

對此，「佔中」發起人沒有表示過一絲歉疚。七千多字的《敲鐘者言》，對這些犧牲了前途的青年，隻字不提，當然更無一字歉疚。因為被犧牲了的青年刑滿出獄時，頭上一定要帶着英雄義士的光環。這是民運領袖對他們唯一可作的憐憫、交代、和鼓舞；亦是民運領袖潛意識下唯一可作的自我心靈交代。我沒有錯、他們也沒有錯。認錯，就是承認這些青年人因被誤導而坐牢。這對佔中發起人情何以堪。

《敲鐘者言》說：「我們的問題，乃來自『公民從命』。這種從命，讓世上無數的人屈膝，被捲進死傷以百萬計的戰爭。這種從命，讓世上無數的人對貧窮、飢餓、愚昧、戰禍與殘暴無動於衷。」

我不曉得《敲鐘者言》為何在陳情香港「佔中」時要用到「死傷以百萬計的戰爭」這樣的描述。合乎這個資格的國家，當今天下，只有美國。而本港民運人士跑去外國「告洋狀」的民主理想國，正是美國。

《敲鐘者言》結尾說「我們沒有後悔，我們沒有遺憾」。作為教育工作者，我希望朱牧對我們大好青年因「佔中」而前途盡毀，會表示一句悔疚。

「佔中」期間有多少老人家因交通影響而兩個多月不能如期前往中西區看醫生，因而影響病情？我作為小市民希望朱牧會對此感到遺憾。「佔中」使普選特首更加遙遠，我希望朱牧會承認戰略的失誤。朱牧作為善良慈愛、睿智而謙卑的牧師，由他確認「佔中」對青年人及其他的負面影響，啟蒙青年不要再錯，是對歷史的凝視作出慈愛和負責任的回眸。

從群眾心理學角度看「佔中」的黑暗面

潘麗瓊

警告

如果你是「佔中」鐵粉，勸你切勿閱讀此文，不想令你義憤填胸，血壓上升。就算我有莎士比亞的文采，也百分之九十九不會改變你的看法，何必浪費你的時間，只會令你憎恨我，令我變成你的殺父仇人，我才不想招惹殺身之禍。所以，如果你是「佔中」鐵粉，慎入！

引言

執筆之際，由民陣發起的反對政府修訂《逃犯條例》的遊行剛罷。曾經在「佔中」受審時聲淚俱下，以年老體弱求情的朱牧、以患腦腫瘤的陳淑莊求延遲判刑，以年少無知獲輕判的張秀賢……在法庭內老弱傷殘求憐憫的犯人，一離開法庭便精神爽利，號令天下，領導萬民遊行！

民陣宣稱遊行人數多達十三萬人，雖與警方估算約兩萬三千人相去甚遠，但均比上月同樣主題的遊行人數多，皆因「佔中」判決重新激發民眾情緒。民陣威脅說：「如果政府不願意撤回這次修例，我們會發起包圍立法會行動！」

香港為「佔中」付上沉重的代價，法官頒下判詞了，為何仍未能平息社會分化？「佔中」案的裁決激發了更多群眾上街，成為反修訂引渡條例的彈藥，為什麼？

答案不止一個，但一大關鍵，就是「佔中」所帶動的群眾心理，把成千上萬的香港人，捲入這場政治運動中。「佔中」改變了香港人的是非觀、價值觀和人倫關係，因為不少人的獨立思考，被集體意識取代：情緒取代理智，對立取代了包容。

「佔中」高舉「和平與愛」的美麗旗幟，結果一百八十度相反。它造成社會撕裂，家人和朋友反目，燃起仇恨，激起一浪又一浪的暴力抗爭，不斷加劇，先是暴力佔領歪風入侵大專校園，然後是旺角暴動，縱火、襲警、搶相機、打記者！

我不想從藍黃對立來分析「佔中」，而想從群眾心理學角度，了解為何「佔中」會分化社會，改變香港人，動輒以專橫手段，迫使政府走入癱瘓的死胡同。

「佔中」運動中的盲從之士

勒龐指出，人們在聚眾下的心理、道德、行為特徵，呈現出盲目、狂熱、輕信的特點，讓政客利用群眾運動，來鞏固自身的政治目的。

當群眾聚集時，往往情緒高漲，使個人感情不分青紅皂白地順從集體意識，脫離理性，在狂熱的情感驅使下，在人數賦予的力量下，行使着所謂的「正義」，群體的共同意志，取代了個人意志。

從心理學角度分析「佔中」

戴耀廷、陳建民和朱耀明，加起來近二百歲，更是地位崇高的牧師、大學教授和法律學者，卻一如法官在判詞中說，認為因為數萬人參與佔領，可迫使政府一夜之間讓步，推出三子提倡的普選方案。此想法是天真，但追隨者眾，為什麼？

勒龐指出，當個人是一個孤立的個體時，他有着鮮明的個性化特徵，而當這個人融入群體後，他的所有個性都會被群體的思想所取代，失去獨立思考和判斷能力，有喪失理智、情感衝動、缺乏責任感等特徵！道德感和社會約束機制在狂熱的氛圍中都失去效力，在獨處的時候風度翩翩的人，在群體運動中，抵擋情感暗示的人，寥寥無幾，絕大部分人，都易於趨同的洪流中迷失自我，表現出偏執、頑固、反社會的行為。

「佔中」敗在自己手上

其實，霸佔中環，不理對他人造成的不便，是偏執與專橫，若幻想以此換取政府改變，是分不清主觀和客觀，毫無邏輯可言。最後，群眾運動滋生教條主義，唯我獨尊，扼殺任何反對聲音。令「佔中」催生了如此多家庭決裂和朋友割席的現象，皆因「我就是真理」的想法使然。

群體運動的另一特徵是，不會預先策劃安排，危機出現時，情緒壓倒理性。「佔中」長達七十九日，但易放難收，「佔中三子」迅即被學生領袖奪權，其後亦不知道如何收科，「佔中」敗在自己手上。

後記

明明是反對政府修訂《逃犯條例》，但中途有人變調大叫，由反對一條條例，演變成反對一個政府。因為無論高舉任何高尚的旗幟都好，骨子裏都是你死我活的政治鬥爭，當你匯入群體的洪流之中，個體會被統一的集體意識覆蓋，喊着誇張的政治口號，歸順於集體的意志和行為，不知就裏地，成為鞏固政治勢力的一隻棋子。

我想替香港警察說句話

屈穎妍

我是一個機動部隊成員，負責駐守立法會，雖然一更工作三十多個小時，但我們頂得順。

每次當值，穿起那幾十磅的戰衣，有如鐵甲奇俠，拍照時覺得好型，動起來覺得很累，但治亂世是警察的職責，我們頂得順。

鐵枝如雨，磚頭如雪，傷痕纍纍，身心疲憊，但謹以致誠宣過誓要保護家園，我們頂得順。

可是那天，聽到他們要求撤回暴亂的名字，要求追究平亂的執法者，我以為自己聽錯，吓？唔係嘛？有冇搞錯？要警察向惡勢力低頭，仲成世界？同袍頓時罵聲四起，大家的心情都跌至谷底。這一刻，我們頂唔順。

兄弟們「打生打死」，原來是白做，算啦，早點收隊回去照顧家庭，反正對着別人的孩子，你無論怎樣忍讓，他都要罵你是黑警，只要自己的孩子未腦殘，就已經很感恩。

你們說要打倒威權，其實警察沒威權，又怎樣對付古惑仔？怎樣維持治安？怎樣保護市民？如果溫柔可以捉賊，找你阿媽也行，何必打九九九？

很多社會領袖站出來指責我們「濫用暴力」，包括大律師公會、反對派議員、教協、記協、神父、牧師……好吧，下回暴動，我們會用大紅花轎把你們抬過來，換件制服、戴個頭盔、穿上護甲，當半天防暴警察，然後看看你們在磚頭鐵枝橫飛下，會如何應對？

全世界政府都不會向暴力及恐怖主義屈服，警隊曾經有個宣傳叫市民「向惡勢力說不」，今日竟然要我們向惡勢力低頭。

你以為向暴徒「跪低」就可以息事寧人？退一步原來只是變本加厲。

一班人用文明方法聯署表達意見，你視而不見；另一班人用粗言、威脅、恫嚇、再加上暴力衝擊，你即時「跪低」；你是在告訴社會：文明無用、暴力有理。

這次香港威盡全球，登上世界頭條新聞，大家都說寫下了歷史，我卻為未來暗暗擔憂。全球廣泛報道，即是說，全世界都知道香港只與二十個國家有引渡協議，也即是說，有一百七十三個沒簽協議的國家的逃犯將會考慮逃來香港。

假如有一日，你家鄰居搬來一個別國的強姦逃犯，別埋怨，那是你們自己掘的墳墓，到時後悔也來不及。

收工了，踏出立法會，天很藍，我的心卻很灰，因為從前相信的東西都在動搖，甚至倒塌，譬如邪原來是會勝正的。

明天、後天仍要繼續，我知道，從此上班不會再好受，他們會用盡方法恥笑你、打擊你、挑釁你。我仍會堅守崗位，可惜我那團火已油盡燈枯，火熄了，就再難點燃。被「玩謝」的感覺不好受，更何況我們永遠都是磨心。

第三章
「排內思潮」風起雲湧

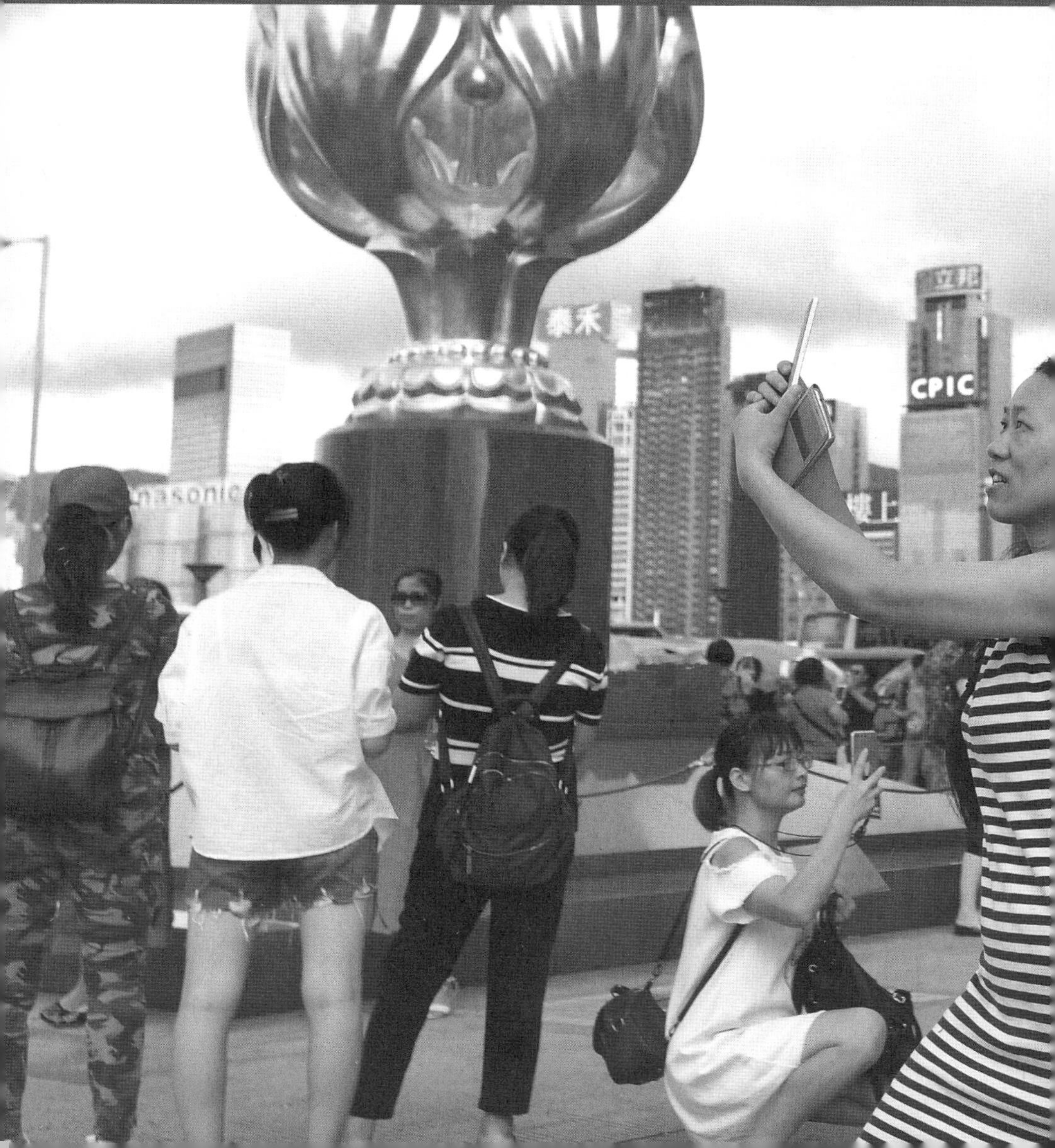
立邦
泰禾
CPIC

二十年來「癥結」仍未解決，港人是如何治港的？

劉瀾昌

近日，因幫人寫回憶錄看了許多「一國兩制」的歷史資料。最能引起思考的是港澳辦前主任魯平的一個判斷，那是收集在他回憶錄中的。他說：「香港存在的主要問題是經濟問題，不是政治問題。經濟問題解決好了，港人生活改善了，政治問題也就迎刃而解。」

「經濟問題解決好了，政治問題也就解決」

這是他在香港回歸後，退休後說的。當然這話是說給「治港者」聽，包括中環、西環，還有港澳辦及中央港澳工作協調小組。魯平這個判斷是很清晰的，不是採用北京官場一般很全面但又似乎含糊、模棱兩可的語言，讓你猜、讓你琢磨。魯平回憶錄還說「我們從來沒有向中央說過香港人怎麼擁護香港回歸什麼的，我們老老實實地匯報香港人的顧慮」。他說「經濟問題解決好了，港人生活改善了，政治問題也就迎刃而解」，應該說這也是符合習近平治國的基本思想：讓人民有獲得感和幸福感。

不過，到底「治港」關鍵是什麼，是經濟問題還是政治問題，相信當下依然是「治港者」爭論的首要議題，也相信有「政治派」和「經濟派」之分。例如最近由港澳辦主任張曉明傳達的「四點指示」，一般都相信是出自新科港澳協調小組組長韓正之口，因此稱為「韓四點」。

第一，要始終把堅持「一國兩制」方針作為處理涉港澳事務的大前提。習近平總書記多次強調「一國兩制」符合國家利益、符合港澳整體利益和長遠利益，中央將堅持「一國兩制」方針不改變、不動搖，要將維護中央全面管治權和保障特別行政區高度自治權有機結合起來。第二，要互相尊重、換位思考，特別是要充分尊重特區政府意見，處理港澳事情應盡量採特區政府所提方案，中央制定的有利港澳的政策措施盡量由行政長官和特區政府宣布。第三，要更加注重改善民生，特別是讓廣大普通民眾有實實在在獲得感。第四，要按市場化機制、規則和國際化標準推進港澳與內地合作項目。

改善民生，讓香港基層市民有獲得感

可以看得出「韓四點」對前一段的治港有「糾偏」意味，當然這是「琢磨」出來的，因為種種原因，是不好明説，也不適宜明説。

當然，這是難以拿捏的問題。到底是回歸之初姜恩柱的「全面退守西環」好，還是現在的「敞開大門歡迎市民參觀」好，相信不同人有不同看法。不過要做到「一國兩制不走樣」，最終是落腳到發揮香港原有制度優勢，而回歸二十年經驗説明難點也在這。因為香港經濟發展、民生改善滯後於內地，不盡人意，更使「發揮兩制優勢」問題突出。

所以「韓四點」接着要求「尊重特區政府」和按市場機制推進合作項目。而最為重要的還是第三點：改善民生，讓香港基層市民有獲得感。應該說「韓四點」是接受「魯平判斷」的，知道香港問題當下癥結是「市民獲得感」問題，所以「韓四點」沒有強調「港獨」等政治問題。當然，韓正不會說「反港獨」不重要，而是不去強調這個。

而「韓四點」也有難處，就是知道香港問題癥結在經濟民生，但是因為尊重「兩制」，不能越俎代庖，只能從外圍入手，用粵港澳大灣區概念去幫香港。偏偏林鄭月娥也是順着這個杆子往上爬，「跑外圍」多而不是着重「練內功」，沒有着急及着力於解決香港內部影響經濟民生的關鍵問題。

說實話，鼓勵香港青年往大灣區發展是一個方向，但不能以此掩蓋解決香港自身的影響，即港青在本地發展的問題。現在就有人誤解港青在本地「搵唔到食」，所以政府日日叫人「入內地」。講實話，香港有為青年都跑到內地，那麼香港經濟發展靠誰呢？而事實上內地人均收入及工資水平還是落後香港一大截，怎能吸引港青離鄉背井？再說改革開放以來港人就沒有停止到內地創業，但是港青的主要就業地一定還是香港。而當下在香港發展有問題時，太多叫港青入大灣區就難免被詬病。

二十年前的香港問題仍然未解決

香港目前問題癥結就是缺地引致樓價高、租金貴，拖累百業難以發展，基層安居難和青年置業難，社會怨氣沖天，並使林鄭政府不敢推二十三條立法。魯平說早就看到香港經濟「畸形發展」，估計「房地產泡沫早晚要破滅」，並在一九九七年以前一再跟港英政府提出。可是二十年過去了，這個問題還是「未解決」。有趣的是魯平敢向港英政府提出，而現在「韓四點」迴避，只能用大灣區外圍去促香港，因為要給林鄭政府留有「兩制」空間。

筆者曾建議當局不能再蹉跎，由林鄭包填海、張建宗包新界公私合作開發、陳茂波包郊野公園邊陲開發、黃遠輝提的十八個選項的其他也由高官承包，「十八羅漢」齊動手，短中長期一起啟動，不信「搞唔掂」。但是按照目前的諮詢拖延，只會令樓價不斷破頂，並推論到「港人不能治港」。

停滯不前的香港，還要過分傲慢下去嗎？

陳莊勤

回歸二十一年，「兩制」成了香港的「老祖宗之法」，誰也不能碰。曾經在二零零零年至二零零八年擔任倫敦市長經濟顧問的親華英國左翼學者與經濟評論員、曾居住香港的約翰·羅斯（John Ross），這樣形容英國的殖民地統治方式，他說相對於一個龐大的殖民帝國，英國只是一個很細小的國家。英國能獲得全球殖民地統治的巨大成功是因為兩個伎倆。

第一是在殖民地建立一個買辦精英（Comprador Elite）階層，讓這一細小的階層，可以致富，並在殖民地享有某種特權，做英國殖民地統治的代理人。第二是在殖民地建立一種崇拜英式制度與價值的奴隸思維方式（slave mentality），容許此崇拜英式制度與價值階層歧視與他們自己不一樣的同類。按照約翰·羅斯的說法，英國在香港一個半世紀的殖民地統治中，這兩種方法都用上了。

這便是英國人分而治之，通過在華人社會中建立專業、向華人授勛、及容許這小部分華人加入只屬於英國人的圈子，建立高級華人階層作為協助英國統治的獨有階層；以西方價值為唯一值得推崇的時尚與優越的價值，並讓這種價值植根於一般人心目中，從而鞏固殖民統治。

高人一等的優越感從何而來？

一九九七年中國恢復行使香港主權，英國人走了，但一些在殖民地時代享有高級華人地位的人和一些沒有經歷過殖民地統治卻毫無理由懷緬殖民統治的年輕人，在面對內地與內地人時，像殖民地時代高級華人那種高人一等的心態，陪伴他們的西方價值優越感並沒有消失。

因而他們潛意識地對內地種種看不順眼，他們在制度上反對內地、經濟上排擠內地、民生上歧視欺負內地人，便是這種英國人分而治之所產生的高級華人心態與西方價值優越感的延續。

英國人成功地在香港建立了一個階級分明的社會，背後重要的理念是把西方價值放在最高位。只有掌握與擁護西方價值的才有機會往更高的階層爬升。簡單來説，你要走對便得與我們相似。這殖民地奴隸思想餘毒遺留至今。

這種唯我獨尊的西方價值絕對優越感被奉之為「普世價值」。二元對立的西方世界觀對與他們不同的價值體系並不包容，而且要求同化。西方文明對不同的文明的包容只有在西方文明佔有絕對優勢地位時才會出現。

這解釋了為什麼在香港回歸初期，那些擁抱西方「普世價值」的香港人對當時「土包子」的內地人遠比對今天衣着光鮮更有學識的內地人有更大的包容；解釋了為什麼二十年前美國對落後的中國遠比對今天可以挑戰她的中國有更大的包容。這也解釋了為什麼在制度與思考方式的衝突中，香港總有一些人掛着「普世價值」的口號並以此作為鄙視內地、對內地的一切不尊重也不嘗試了解的藉口。

一九九七年後的香港，沒有了英國人的新政治秩序建立，那些由約翰．羅斯描述的殖民地時代買辦精英階層，若不加入新的政治秩序下的管治階層，便只得在野繼續擁抱西方的「普世價值」負隅頑抗。

中國為何允許在一個國家存有兩種制度？

已故中國領導人鄧小平先生，在上世紀八十年代初要收回香港主權時，人口只有五百多萬的香港的國民生產總值，相等於十億人口的中國國民生產總值的百分之十五。源於西方文明的制度成了成功進步的象徵和要素，要維持這樣的成功進步便必須保有這種制度，「一國兩制」由是而產生。

中國領導人容許「一國兩制」。在香港實行資本主義制度、和與內地不同的社會與法律制度，是承認在獨特的歷史時空中，西方經濟、社會與法律制度的優勢。為了讓香港繼續享有這種優勢帶來的成功，所以容許在一個國家存在兩種制度。

「一國兩制、五十年不變」也隱含了另一種含義，那便是實行社會主義的中國內地，一方面要通過香港學習先進的資本主義制度進行自我改進。同時，另一方面也是要對資本主義制度加以追趕。

香港人能否跟上變革的潮流？

香港回歸中國二十一年，很多香港人犯上最大的毛病，是認為「一國兩制」下，相對於國內社會主義制度，港式的資本主義制度的絕對優越性不會改變。從而回歸二十一年來，從官方到民間不但不思變革，一些人對國內自改革開放至今風起雲湧的變化，還持有一種傲慢的態度，輕視或是故意忽略和鄙視；無視中國內地自改革開放以來不斷變革所帶來的經濟上的巨大成就，和通過變革帶來制度上的不斷優化。

這世界沒有最好的制度，只有不斷變革讓制度變得更美好。從這個角度看，相對於中國內地，以及相對於新加坡，香港回歸以來社會經濟發展停滯不前的重要原因，便是過分傲慢地相信香港原有制度的絕對優勢，過度擁抱「一國兩制」而不思變革。

二十年來社會經濟發展停滯不前，那些過分擁抱「兩制」與「不變」的力量，基於深信英國人遺下的制度絕對優越的傲慢，處處阻撓任何嘗試對殖民地制度進行的大刀闊斧變革，慢慢變成阻礙社會與經濟進步的保守力量。這些保守力量就如中國歷史中歷代變革中遇上擁抱「老祖宗之法不可改」的頑固保守勢力一樣。

殖民地時代遺留下來的制度成了禁忌，「老祖宗之法」誰也不能碰。嚴守「兩制」成了很多香港人的逃避現實的緩適地帶（comfort zone），成了抗拒變革、窒礙進步的緊箍咒，自我隔離於經濟急速發展與社會不斷進步的中國內地。忽視了在龜兔賽跑中，被認為是落後的龜已開始超越仍繼續沉醉於自以為是、最先進、最優秀、自我感覺良好當中的兔。

新加坡從不熱烈擁抱西方的「普世價值」，人權與自由狀況不如香港，按西方標準非真民主，但生活質素世界排名二十一，香港七十。中國內地被認為是貧窮落後，但人均居住面積四十點八平方米，比香港好多少倍？人民對政府滿意度長期高於百分之七十以上、對前景看好信心也長期高於百分之七十，這些實實在在的數字都與掛在口邊的「普世價值」扯不上關係。

香港回歸真的得到了發展嗎？

香港回歸以來在各領域的衰敗、荒謬，在於殖民時代沒有民主、缺乏公義、沒有影響買辦精英與整個社會努力為香港的社會與經濟發展打拼；但回歸後拒絕接受回歸的部分買辦精英和他們的追隨者卻以沒有民主為理由拖香港社會與經濟發展的後腿。他們甚而連政府要立法，在市民中推廣尊重國歌也顧左右而言他，橫加阻撓，似乎他們擁抱的老祖宗只是米字旗和「天佑女皇」。

二零一九年是中國改革開放四十週年，過去四十年中國在從沒有間斷地進行變革，並取得了矚目的成就。與其日日罵內地人不文明，不如拋開符合西方文明與民主與否的狹隘思維，客觀地細心看看他們的進步和香港的墮落。無疑，內地有千般不是、問題仍很多，但她在不斷進步而且不斷探索尋找出路；香港曾經有絕對優勢、仍享餘蔭，但天天在墮落中抱殘守缺、不思變革。

中國內地一些寫實或以望子成才為題材的電視劇，很多時候都會出現這樣父母對子女說的對白：「爸對不起你，沒有能力滿足你的理想，把你送到美國讓你過上美好的生活。」又或者這樣說：「將來你長大，送你到美國讓你過上美好的生活。」

那似乎便是當代尋常中國老百姓的固有觀念：能跑到美國去便是等同會過上美好的生活，美國在他們想像中，便等同是美好的。

那是西方文明成功的地方。那也是過去兩個世紀以來西方文明在世界上作為強勢文明所佔據了的獨特地位。但差不多兩世紀過去了，今天的事實是怎樣了？

美國到底有多好？最近公開的聯合國赤貧及人權特別報告員 Philip Alston 於二零一七年年底向聯合國在人權理事會提交的報告，指出美國三億人口中四千萬人生活在貧窮中，當中一千八百五十萬活在赤貧。

報告可見美國百分之二十五年輕人活在貧窮中，二零一七年年底美國官方公布的無家可歸者數字是五十五萬三千七百四十二人，但估計實際數字是官方數字的三倍；在美國被關禁的人員比率世界最高，比薩爾瓦多、古巴、泰國及俄羅斯都要高。報告更稱被很多內地人鼓吹是等同過美好生活的美國，在經濟與合作發展組織三十七個發達國家成員國中，貧窮與社會不平等排名三十五，是社會最不平等的一個國家，由百分之一的人口掌握了全國百分之三十八的財富。

老一輩擁抱西方「普世價值」的香港精英，每年往代表西方文明與民主的美國，投訴香港的不濟；

接棒的新一代被美國《時代週刊》捧上天的香港年輕精英同樣絡繹於途往美國跑。無疑，軍事與經濟力量美國世界第一，但百分之十二點五人口為貧窮人口和差不多每周都發生槍擊、警員射殺平民絕不手軟也絕不稀奇的美國，又能為跑往此處的香港年輕精英提供什麼值得驕傲的示範與借鑑呢？

香港該向哪一方向發展的問題，一直沒有社會共識，但肯定的是衰敗中的香港需要的不是抱殘守缺，而是對包括內地發展成功經驗在內的借鑑與兼收並蓄。就如四十年前千瘡百孔的中國需要大規模的變革一樣，回歸二十一年，香港需要的不是小修小補而是大刀闊斧的變革。

香港高鐵通車的政治和經濟戰略意義

李春

二零一八年九月，香港大事是高鐵開行。香港西九龍高鐵站內，名為「動感號」的高鐵北向而行，拉動香港這個動感之都，走上新歷程。然而在高鐵正式運行之際，對這條高鐵應當有全新的認知，之所以說對香港高鐵的全新認知，一是回望過去八年乃至更長時間的風風雨雨，一是細品香港高鐵定名，一是放眼香港高鐵帶領香港走向的新時空。

香港高鐵定名有何寓意？

如果要更清晰地把握這條高鐵的來因去勢，細品高鐵相關定名，那麼會很有意思。圍繞香港有關的定名有幾個，首先是西九高鐵站，這個站的土地性質應該是在西九龍填海區，但以油尖旺的地理概念看，這個站更迫近尖沙咀，也就是說這個站是在香港最繁華的鬧市。

以高鐵發展最快的中國內地論，高鐵終點站建在市區的不多，深圳福田站是開創性的一個，深新高鐵站打破傳統的南站北站定名法，直接用其新中心福田為名，而現在的站名給人以新區之意。

如果說站名定得繞了點，香港高鐵本身的定名，就恰如其分，香港當局給自己找了個對外揚名的稱謂動感之都，外地人香港人都認可，香港確實是經濟和社會充滿活力的地方，以此為香港高鐵命名，這種活力表現在香港新的運輸工具上，符合身份又寓意甚佳，用香港人的話來說是好意頭。

最重要的一個命名，則是這條鐵路線的命名。目前命名廣深港高鐵，後面還加香港段，那意思是這條線主營香港至廣州段運營。而相關的簽約，也是由廣東省政府出面來與香港特區政府簽。這種安排，於法於理，全部嚴謹合規，但於情來說不合。誰都知道，如果香港要到廣州或深圳，要加強粵港澳三地的相互通行，不見得需要那麼大的動靜來建這麼一條短短的高鐵。

而按中國鐵路定名傳統習慣，通常鐵路線以始發終到站來定名，比如京滬線，一看就知道北京首發上海終到，廣深港以距離論以終到論，都不是這條鐵路的本名，其本名在原中國鐵道部的規劃上很完整，京港高鐵，這既響亮又合規的名字未能用，遮掩了香港高鐵的戰略意義。

這些定名的種種考量，那些多番委屈求全，來自於過去八年乃至十多年的風風雨雨。說過去八年，是自二零一零年一月廣深港高速鐵路香港段正式開工計起。而更遠一點的計算，至少要從菜園村之爭算起。就說簡單點，高鐵開工後的建設過程中，技術難題、工程延誤、撥款申請受阻、「一地兩檢」政治爭拗，大風大雨，從未間斷。

風雨終於過去，高鐵終於要開行，這時爭拗也被迫放下，反而到了重新認識香港高鐵意義之時。

香港高鐵的政治戰略意義

中國建高鐵，雖然有時會從經濟發展上作出傾向，有時會向地方主義略作讓步，但總的來看，那真的是有戰略規劃的。香港高鐵對香港，對中國都有諸多意義，而高鐵通常被視為戰略性交通設施，當然是因其具有多重戰略意義。以今次香港高鐵通車而論，除了經濟戰略意義，自然還有政治戰略意義。

一條條高鐵建成，很少人講政治戰略意義，但香港通高鐵不同，至少跟深圳珠海廈門這些經濟特區通高鐵不同，其具有的政治戰略意義，用三個字可以道盡，叫「車同軌」。

中國是個幅員廣闊、民族眾多的國家，在這樣一個國家把一個個地方串起來的，過去是公路，現在是鐵路。中國公布的《中長期鐵路網規劃》，勾畫出「八縱八橫」高速鐵路網，就是以網格狀的高鐵線，在中國九百六十萬平方公里的國土上，串起一個個的城市圈，由之體現國家的統一。

在「八縱八橫」高速鐵路網上，其中一條叫京哈—京港澳通道，那是北起東北三省省會哈爾濱，經長春、瀋陽到北京，然後再經中原大省省會石家莊、鄭州、武漢、長沙，到華南的廣州、深圳、香港。現在鐵路部門將香港通車的這條鐵路廣深港鐵路香港段，實在是小家子氣，埋沒了香港高鐵直抵北京，再透過其他骨架東進西出的氣勢，當然同時把中國高鐵政治戰略意義也給埋沒了。

香港高鐵的經濟戰略意義

香港高鐵的經濟戰略意義，我們不看那些具體的經濟效益，而只看與戰略有關的，是能源戰略的改變。香港是國際性交通樞紐，但客運主要靠空運的民航機和陸運的汽車，在能源上也就是說靠的是燃油和一小部分天然氣。高鐵主要消耗電力，又具有超過客機的巨大運輸能力，在替代石油製品能源上，對香港來說是一大進步。

更重要的是，香港人乘高鐵不是去深圳和廣州，而是進北京或去更遠的地方，以到北京兩千公里左右算，未來香港人北上的中程和長程國內運輸，會有相當數量的乘客選擇高鐵，這是香港能源戰略型的一大推動。到最後一句簡單的話，就是高鐵令香港一步接入兩萬五千公里中國國家高鐵網，國家收獲了統一象徵，香港收到中國南方海、陸、空交通樞紐新地位，透過高鐵而動若脱兔。

在內地建「香港村」，港人搞特殊化太久了

阮紀宏

新疆伊犁察布查爾是一個少數民族聚居地，名為錫伯族。這個民族原居在東北，清朝乾隆年間被徵召到新疆屯田。後來不知道是皇帝忘了把他們遷回原居地還是別的什麼原因，這些人就一直留在當地，目前只剩下六萬多人。但按照國家的政策，還保留原來的民族地位，包括以這個民族命名的察布查爾錫伯自治縣。其實，當地聚居的有二十五個民族，人口共十九萬，錫伯族也不是主體，只是按政策保留名字而已。

從廣東租地建「香港村」，供港人養老

民建聯和工聯會「不約而同」地正式提出建議，在廣東中山和惠州「租借」一些地方，建公屋和醫療等設施，吸引香港退休人士回去定居，名曰「香港村」。這個建議目前十畫沒有一撇，將這個建議跟錫伯族的遭遇做比喻，有點不倫不類；但在內地建香港村這個建議，似乎更加不倫不類。

香港房價高居不下，雖然剛公布的資料顯示二十八個月來第一次輕微下跌，未知前景如何，但香港

覓地建屋確實是捉襟見肘，各種方案未免是病急亂投醫的「可選項」。在這種情況之下，對政策建議一向比較認真的兩個政團，提出要在內地建香港村，同樣會淪為治急病的亂藥。

首先，值得肯定的是，香港人到內地定居是一個值得考慮的選項。無論是到內地短期工作或者長期居住，抑或是退休以後回到原籍告老還鄉，還是選擇一個地方定居，畢竟香港人可以在一國之內「自由遷徙」。

香港人在內地的遷徙「自由」，分開兩個方面。如果工作，有稅制的問題，工聯會訪京團透露的信息，豁免港人對新修訂的個人所得稅法某種法律義務的好消息即將頒布。所謂的自由，就是香港最高稅率是百分之十五，內地是百分之四十五，國家再次額外開恩，給予港人某種稅務優惠，讓他們選擇在內地工作有更多的自由。詳情有待公布，一旦實施，香港人在稅務居民履行個人所得稅法的問題上，又變成「少數民族」，享受某種特殊的待遇。

港人搞特殊化，內地人都看在眼裏

究竟這種只給香港人的特殊待遇，應該是天長地久還是暫時擁有，是一個不能擺上台面的議題。如果說香港過去對內地有特殊貢獻，現在要討回一些好處也不為過，從江湖道義上講要還的，應該也會有「有效期」。如果說香港專業人士還有一些內地人目前還沒有的特長之處，要用稅務條件來吸引港人，確實無可厚非，但還是會有「有效期」。最差的一種情景是，香港目前政治問題很多，要用稅務條件來吸引更多人回內地工作，特別是年輕人，以消弭某些港人的反抗情緒，這個「有效期」愈長，情況愈糟糕。

至於退休人士回內地定居，香港的第二代移民或者第三代移民，鄉土觀念比較薄弱；相比之下，選擇一個生活條件更加適合的地方，比鄉土情更重要。從這個角度出發，如果中山或者惠州有公屋及港式醫院，還有茶餐廳，在當地建香港村，也不算什麼歪主意。問題是有沒有這個必要，以及是否可行。而討論必要與可行，似乎都是從香港的思維假設出發，而沒有顧及內地的實際情況。

從必要性的角度考慮，是假設港人不能融入內地的環境，非要集中「安置」不可。或者是從實施政策的方便角度看，建公屋和醫院，只供港人使用，所以必須集中在一個特定的地方，所以要建村。前者的假設是不成立的，因為既然選擇回內地定居，無論是告老還鄉還是選擇一個宜居的地方，都已經有心理準備，認為適合才會做出決定。況且內地目前的各種生活條件，跟香港的差異不大。如果是後者，或許有一定的道理，因為建公屋和醫院，必須有足夠的人口才能形成規模，以及便於管理。

至於可行性，中山與惠州的土地資源無論如何都比香港充足，澳門多番爭取在毗鄰的珠海橫琴要地建養老院，都被珠海回絕；最後找到中山南朗一處，才給了一小塊地。但人家有土地，就一定給你嗎？任何政府都會考慮一個問題：外來人口對本地經濟可以起到多大的貢獻。如果都是退休人口，消費能力有限，免費或者低價給出一塊地，長遠來說是得不償失的。或許，礙於中央的特殊照顧，要服從政治需要，劃出一塊地給香港建村，勉為其難，到頭來在具體的日常運作中，也不會十分暢順。

即使是具備必要和可行兩個條件，這樣做合適嗎？真的沒有替代方案嗎？香港人在內地搞特殊化，內地人看在眼裏，是否會恨在心頭無人知曉，如果要服從政治大局，他們還是會容忍的，但是否合適，值得商榷。但有一個替代方案值得考慮。

香港特殊的「有效期」還有多久？

如果香港通過立法會等種種政治難關，撥款在內地建公屋和醫院，所需的費用，用於放棄在香港申請公屋和在使用醫療設施減輕香港的負擔，其實也未嘗不可。但這筆錢可以以現金劃歸到個人手裏，給予選擇到內地定居的居民作為補貼，讓他們在內地租房或者租用「經濟適用房」（類似香港的公屋），以及在內地醫院就醫時使用香港的醫療券，從行政成本上，更加有效率。但為什麼非要建香港村不行呢？

有效使用資源，是一個重大的考慮點；更加值得考慮的是，香港在內地搞特殊化，關係到香港融入國家大局的大是大非問題。香港特殊的「有效期」究竟能有多長時間事小，搞不好可能真的會出現另一個錫伯族在新疆成為一個不倫不類的少數民族，才是事大。

這些年，香港出現了兩種不妙的社會現象

雷鼎鳴

香港社會近年似是患了病般，戾氣充斥，很多港人都並不快樂。根據全球快樂委員會（GHC）在「世界快樂報告二零一八」所公布對一百五十六個國家地區所作的研究，香港二零一五至二零一七年的快樂指數排名只是七十六，比巴基斯坦尚要低上一名，從數據中我們也可看到，以香港社會的客觀條件而言，港人的快樂指數本有機會晉身全球十名內。為何港人有此戾氣及不快樂？究其原因，我們或可歸咎於兩種不妙的社會現象。

「部落作風」與「日漸消極」給香港帶來的遺害會很大

第一種現象我們可稱之為「部落作風」（Tribalism），第二種現象是不少港人變得日漸消極，對人生漫無目的或路線圖，甚至自暴自棄。二者遺害都甚大。

「部落作風」的特徵是社會分裂成多個相互仇視的小圈子或部落，自己所屬群組說的，不論對錯都力撐，但若某種意見來自敵對或甚至只是立場不同的部落，惡毒語言便盡數瀉出，潑向對方的污水有如

長江大河，洶湧而來，別人所說就算合情合理有根有據，也無濟於事。

近日香港影星劉德華本着自己的識見及愛港之心，義務替「團結香港基金」所製作的短片「讓下一代看見」作旁白，支持在大嶼山東邊海域填海造島，竟也遭到某些自以為支持言論自由的部落圍攻謾罵。幾年前這些人當中不少還稱呼劉德華為「民間特首」，但一聽到他意見與己不同，便什麼也說得出口了。

不要以為「部落作風」只是香港特產，這是一世界性的現象，在歐美國家一樣突出。《紐約時報》評論員費利曼（Thomas Friedman）最近便撰文對此深以為憂，他不無憤慨地直指共和黨在美國國會領袖麥康奈（Mitch McConnell）的不是，在奧巴馬年代，麥氏公然宣示，他的目標便是要使到奧氏施政失敗。港人對此種取態應該也十分熟悉，香港政客對議會「拉布」樂此不疲，早已作了示範。

「部落作風」有百害而無一利

既然「部落作風」並非香港獨有，那麼它的形成也不能單靠本地因素，我相信歐美國家和香港都有經濟與科技的土壤滋生出此等損害社會肌理的作風。在經濟方面，大量職位轉移到更具競爭力的新興國家，雖使到全人類的收入不均有所消減，但發達經濟體內部的貧富懸殊卻有增加，這也就解釋了為什麼在發達地區，排外及仇富仇精英的心態會出現。

在科技上，社交媒體的設計容易使到用者只看到與自己立場接近的意見，因而習以為常以為不同意見者盡是異端邪惡，又因鍵盤戰士的身份不一定公開，使得他們有如戴上面罩去發表意見，心理學告訴我們，這會使他們肆無忌憚的發表極端意見。

「部落作風」有百害而無一利，在社會內部它會造成內耗，在國與國的層面它會製造衝突，甚至戰爭。就算在最重視開放與交流的學術界，近日竟也有美國官方人士無中生有地懷疑中國留美學生及學者大多是間諜，這其實也是把世界看作為多個部落的心態反射而已。

港人自暴自棄心態從何而來？

香港另一種值得憂慮的現象是不少港人對未來前景變得消極，甚至犬儒頹廢。我過去幾個月在不少土地供應專責小組的地區展覽中與街坊交流，大多數人與小組各人的觀點都十分接近，但我也曾遇過一些頗為消極虛無的人，他們認為提意見不會有什麼用，因為反正政府都不會理會，不再理世事似乎是他們的選擇。

我們當然知道民間對土地問題的意見極度多樣化，甚至互相矛盾，政府不可能每一種意見都採納，但這種無力感及由此而衍生的自暴自棄心態從何而來？這對嬰兒潮一代的人來說是不可接受的。

嬰兒潮一代成長的環境中資源匱乏，遇到問題時不想辦法去解決的話，可能會毫無退路，他們沒有多少本錢花費在消極中。但在較年輕的一代中，環境已經不同，大學學位增加了很多，成績不那麼好的也能入大學。

畢業後，工資卻不見得進步很多，至於工作表現是好是壞，有些人也認為對自己前途無關宏旨，他們似乎相信，除非付出極大的努力，反正都不會勝過中國內地來的精英，不如放棄。這是另類的「做又三十六，不做又三十六」心態。

更重要的原因應該是政治上的。二零一三年「佔中」尚未發生，一些民調早已顯示，大多數港人都知道「佔中」不可能迫使中央對反對派讓步，但「佔中」的鼓吹者卻老是宣傳「佔中」有如核彈，有多大力量云云，不少未懂世情的年輕人恐怕會信以為真，強行要求落實一些不切實際的政治訴求。

走在錯誤的道路上只會帶來挫敗，無視實際的所謂理想只是幻想。對人生抱積極態度的人可在失敗中總結經驗，孕育出未來的成功，但消極的人卻更可能躲在小圈子中怨天怨地，以罵人為發洩，長此以往，他們的人生便廢掉了。

什麼會使港人成為最大輸家？

我們當然希望這些人都能振作起來，香港要保持自己獨特的政經地位，需要港人有能力繼續對中國的發展作出實質貢獻。中國經濟增長迅速，提供了強大的激勵使內地人民奮發向上，若港人自我停滯，未來香港的重要性必會銷蝕，中國也不會太倚靠香港，港人會成為最大輸家。

擺脱部落的枷鎖，重新認識中國，才可能建設積極的人生觀，對自己、對香港、對中國都有好處。

新雙城記：新加坡靠攏中國而香港「自斬一臂」

陳建強

香港和新加坡是一對心照不宣的競爭對手，早在同屬英殖時期，英國就有將兩地進行比較的習慣，也早有人引用狄更斯名著《雙城記》作為兩城關係的比喻。兩城曾長時間聯袂位居「亞洲四小龍」的頭兩位，風光一時無兩；但隨着「金磚五國」崛起，體現新舊大國博弈的「修昔底德陷阱」（Thucydidess Trap）亦由暗到明，兩地政情社情出現調整，譜寫新時代的《新雙城記》，體現了原著中「這是最好的時代，也是最壞的時代」的精粹，但最終是向上提升還是向下沉淪，就視乎當下的決斷。

兩地都是在上世紀七八十年代開始騰飛的經濟體，發展歷程也頗為相似，同樣是開放性國際大都會和世界金融中心，也是西方發達國家的商業機構在東南亞設立分支機構的首選之地，重經濟輕政治就是其成功之本；而在過往的競逐中，香港長時期居於上風。

然而，近年形勢逆轉，不但「亞洲四小龍」的輝煌被「金磚五國」所掩蓋，而香港更是節節倒退，在多項重要評比指標中，都被新加坡領先甚至拋離，國際地位和影響力的差距更愈來愈大，涉及兩岸關係破冰的「汪辜會」、時任兩岸領導首次會面的「習馬會」，以及解決美朝核威脅的「特金會」，都選擇在新加坡舉行。

相反，原本受惠於北京舉辦亞太經合組織（APEC）會議而首次獲得APEC財長會議主辦權的香港，卻因「佔中」而被撤銷，臨時移師北京開會。「面是人家畀，架是自己丟」。

其實，在不算長的時間內，港星兩地的發展路徑和成果能夠出現如此大的差異，歸根究底還在於政府管治模式和理念的不同，以及社情和輿情的歧異。具體而言，有四個方面：

第一，新加坡政府以「大局思維」（big-picture thinking）為國家在亞洲乃至世界的定位，以及制定發展方向與通盤計劃。從產業政策、人口規劃、高等教育、發展科技到開賭促經濟，無不表現出開拓前路的勇氣、放眼未來的意志和全球布局的雄心。

相反，香港近年罹患「泛政治化」，甚至「逢中逢特區政府必反」的心魔頑疾，議會空轉、政策停擺，已成慣常事。特區政府在種種掣肘下，推動產業發展不力，政策的目標方向模糊，甚至出現議而不決、決而不行的顢頇拖沓，畏首畏尾、抱殘守缺，凡事只會被動回應。

第二，在國家之手積極推動下，新加坡在不同的創新科技行業，成績相當顯著，吸引多家跨國公司赴星成立科研中心。特別是在發展創新科技業方面，新加坡成立國家研究基金，支持生物科技、數碼媒體、資訊傳輸、潔淨科技等七個領域；又為新創公司承擔逾百分之八十的資金風險，鼓勵國民發展創新科技。相對而言，港府卻是「愛理不理」、左顧右盼，導致人才流向深圳南山和國際上其他科技中心。

除此以外，新加坡採用「監管沙盒」（Regulatory Sandbox），讓新創公司在一定範圍內不受國家法律規範，測試自己的創新服務。至於香港，則強調監管政策以「風險為本」，不利於創新科技的發展。

兩城表現高低立見。

第三，香港和新加坡聯合主演的《雙城記》，曾互有領先，新加坡開國總理李光耀曾表示羨慕香港在這場競爭中享有優勢，當中最重要的是有一個對香港友善的強鄰（中國內地）作為腹地。不過，近年圍繞在內地與特區之間的一系列爭議，反映出香港似乎陷入「自我孤立」和「自我城邦」的「政治天真妄想病」，有人放棄甚至排拒與內地聯繫，更有人「戀殖」，甚至「告洋狀」，呼籲外國進行制裁。

至於新加坡，隨着中國崛起和美國相對衰落，「修昔底德陷阱」令其在地區和國際上面臨着一個前所未有的複雜局面，也不能輕易決定站在哪一邊，由此付出的政經代價也越來越高。最後決定回歸到平衡策略，不再「擁美制中」。在這部《新雙城記》的劇本中，一個主角恨不得靠攏中國，另一位則自斷一臂，這是兩城瑜亮比拼的現實寫照，也是港人的無奈和悲哀。

第四，在內地眼中，香港並非政治模範而是經濟模範，「五十年不變」並非因為香港值得仿效，而是基於香港具有經濟價值。可惜，香港卻有人以追求民主和自決為名，蓄意挑動內部政治矛盾，並且不擇手段，不惜犧牲社會利益和全民福祉。對於狂熱分子來說，「反中」不是立場，而是戰爭，香港則是戰場，但這是令香港萬劫不復的「壞意識形態」。香港何時才能由「示威之都」回到「經濟之都」的正途？

在反對派眼裏，香港「淪陷」全因內地客

屈穎妍

在港珠澳大橋通車沒多久，反對派曾拉大隊到東涌趕客，說經大橋來港的內地人讓東涌「淪陷了」。

二零一九年春節前的年廿九，這幫趕客黨又再出動，今次他們來到屯門，舉着「香港人唔歡迎中國人」、「巴士不是貨車」的紙牌，在屯門市中心往來深圳灣口岸的巴士總站粗言惡罵，甚至粗暴圍截內地遊客。

他們高喊：「識唔識字呀？香港人唔歡迎中國人呀！你哋搶晒香港人的資源，行晒香港人嘅路……」被狙擊的對象，主要是排隊等上車的內地遊客，他們好多都是來港辦年貨，花了錢，卻受了氣。

類似畫面，在尖沙咀也有，但逼爆巴士的，不是內地客，而是韓國人，他們甚至不是消費，用趕客黨的思維，就是「殺入市區，坐晒香港人嘅巴士」，奇怪，何以他們卻從不出動來趕韓國客？

「攻陷」尖沙咀巴士總站的旅行團，全是來自韓國，旅客在導遊帶領下，逐一登上巴士上層，穩佔看風景的有利位置。好彩時，只是上層坐滿遊客；倒霉起來，整架巴士因接載旅行團而客滿，本地人要坐巴士就要再等另一架。

為什麼旅行團會搭巴士？原來，韓國是沒有雙層巴士的，所以這程本地巴士，是體驗行程之一。平

均一小時有至少五個韓國團在巴士站候車，他們的目標主要是1、1A、6號等途經旺角的路線，有時導遊還會在車廂內作旅遊介紹。

有黃媒報道過此事，不過態度就很包容了：「旅客在巴士上大致安靜守禮」、「遊客都是斯文的」、「一行三十、四十人，除了上落花點時間之外，（本地乘客）有時要等下一班車才能上車。其實他們沒什麼，他們不會很妨礙他人。」

既然能對市區跟你爭巴士的韓國客包容，何以會對東涌、屯門的內地客不近人情？到底趕客黨是真趕客，還是借故挑起民族仇恨？明眼人，該看出來吧！

香港病人投醫難，不怪醫生奇缺卻怪內地移民

何漢權

過年過節，香港眾多私家醫生醫務所會休息幾天，病人投醫門路大大收窄，排公立醫院急症門診的人自然遽增，若遇流感高峰期醫生護士工作更是忙個不可開交。這是香港獨特的醫療文化與習性使然。

其一，香港醫生奇缺，中學畢業生要考進兩間大學的醫學院十分艱難，差不多要有狀元級的文憑試成績，才有入場券。放在文明世界裏，香港醫生產出之難，舉世矚目，從教育專業看，為何不能加倍大學醫學院的學位，讓更多有志有心有力的，如榜眼、探花以及很多有學問的進士，也能進入醫學院學醫？而除香港大學、中文大學外，為何不可有第三間開設醫學院的大學？

其二，在本港醫生長年奇缺的情況下，為何不能引入香港以外，受過醫科專業，並得在地及國際認可的醫生，在本港當醫生？香港醫學界現實中卻是諸多排斥，能以「外卡」考取本港執業醫生執照的，又是難如上青天

其三，醫生與藥劑師的角色，本可緊密合作，醫、藥分家，互相分擔醫務繁重的工作，普通頭暈身熱，由藥劑師開藥，又有何不可呢？

立法會醫學界議員就前線醫護人員工作疲憊，作出指摘，矛頭直指「人手不是放在病房和急症室，而是去了開會與處理文件工作」，或許該議員指出了部分問題，但卻未有直接指出醫生與護士人手短缺才是重點，難道這是要偏袒已有執照的醫生，避免開放競爭？最後是要保住醫學界的選票？

而另一年輕醫生接受一間網上媒體訪問時，說得更是離題，該醫生指摘的是，香港特區政府每天容許一百五十名內地移民，永久居住香港，一年就有幾萬，這才是醫療系統最大的負荷。從教育角度看，這位掛着象徵仁愛白袍，但明明白白以法官黑袍威權說話的醫生，是清清楚楚的排外！筆者提出極大的質疑。

首先，每天特區政府批准由內地進入香港的一百五十人，是合情合理更合法的移民，該醫生是否明白，拒絕他們來港是違法的嗎？

再說，現今進入國內城市長期居住生活的香港人有多少？單以深圳一地保守計算，可以用萬的單位估量，如果深圳政府與該名年輕醫生同一般目光如豆，不容許香港人北上深圳過活，後果怎樣？什麼叫做公平？該醫生明白嗎？整段訪問中，該年輕醫生沒有就醫護人才如何補缺，提出實質建議，是不明所以？抑或明知問題所在，卻要借題發揮，滿足一己政治排外的主張而後快？

深圳GDP首超香港，「龜兔賽跑」對特區的四個啟示

陳建強

一場「5G」風暴，突顯全球「科技為王」新時代的「黑洞威力」，經已全面顛覆原有的生產和商業模式，並在政治加持下，被提升到涉及國家安全和波及全球的貿易戰。位處風暴前沿的香港，不敢再輕忽怠慢，在涉及科研發展的方方面面，都投入大量資源議定政策。投資大、動作多，但成效呢？政府將財政預算案的新主題設定在「撐企業、保就業、穩經濟、利民生」，方向是走對了的，但要在區域融合的大格局下突圍，仍應換上「金錢以外」的新思維，認真研覈深圳在創科「遲來先上岸」的四個啟示。

當今屬全球化、數碼化的年代，創新科技已全面改寫，全方位滲透到經濟活動和日常生活中，從「手不離機」到「手機綜合症」，反映人們逐漸依賴成癮並被科技所主導。事實上，從光纖、互聯網、智能電話、大數據、雲計算、人工智能，到已不再細分的「互聯網＋」，每一項發明，都是跨越性的一步。創科帶來新意念，創造新財富和新商機，帶動整體經濟結構的升級轉型，帶動周邊經濟活動，並為年輕人帶來理想的人生機遇和就業機會，以及向人們指明善用新科技去享受舒適的生活的新方向。

須指出，創科並非金堆銀砌這一套，成敗和成就全憑對生產、商業和生活模式的創意，及其產生的附加增值。至於一個地方有沒有創新科技，除了資金外，更要得到人才、政策、區域融合和社會心態等

各方面的配合，但香港過分側重金融地產，甘當「亞洲四小龍」中唯一不以科技為支柱產業的經濟體，令致在與深圳的「龜兔賽跑」中被步步拋離。

二零一八年，深圳按人民幣計算的本地生產總值（GDP）較香港多約二百二十一億元，首次超越香港，成為珠三角城市群中經濟總量第一的城市。深圳崛起，背後的支撐科技產業的發展，這與香港經濟單化元、發展動力弱化，恰成強烈對比。若不承擔風險，不主動出擊，永遠只能跟風追隨，甚至欲追乏力。受限於對傳統支柱產業的長期依賴，香港科技產業已經錯過了「工業3.0」（信息工業）的機會，如果財政預算案再不改弦更張，精準部署，恐會再錯過「工業4.0」（物聯網和人工智能）時代的機遇。這是深圳超港的第一個啟示。

隨着深圳進入產業轉型的過渡期，過往的經濟模式，以及「複製」香港的地產業、金融業，以及「人口紅利」等成功要素，均已開到荼蘼，再無法撐起當地經濟，深圳政府遂提出「深圳質量」，要求以創新為重點，推動當地經濟由量向質轉型，先後為生物、新能源、互聯網發展三大新興科技領域的專項資金，又設立重大產業、軍民融合、併購、中小微企業發展等系列基金，協助業界發展。

同時，政府積極扶持和引入新的初創企業，至少淘汰約兩萬間舊式企業，為強勢的科技產業打好基礎。由「山寨商品最大基地」，轉型提升為「產業創新城市」典範，引領區域產業從硬體轉型為軟體發展，這不是「奇跡」，而是政府政策、法規和資源的共同努力結果。

同時，香港財政預算案雖對推動創科大灑金錢，但在政策和資源方面卻是求全而不求精求重點；在執行面，「香港速度」完敗給「深圳速度」，單是二零一八年財政預算案所提的「電競」，至今仍在討論和檢討。這是深圳超港的第二個啟示。

從農地魚塘變為工廠林立，從低端工廠，蛻變為中國硅谷；再憑藉創新驅動經濟加速發展，終成舉世矚目的科技產業中心，不少科技巨擘都選擇坐落深圳，使深圳成為科技產業的標誌。數據顯示，深圳對科研的投入，與其創科產業發展成正比，而香港在二零一七年的研發開支佔本地經濟總值的比率遠低於深圳，金額只是深圳的八分之一左右。

深圳從二零零零年開始，每年投入超過百分之四的 GDP 研發經費，而香港只有百分之一點五，少了一半以上。經濟增長超越香港，不僅僅是一個數字的超越，更是香港未來發展路向的重要啟示；今天的深圳，已經搭上了科研業界「高鐵」，而香港仍在「鐵路站」外徘徊。香港經濟如要保持優勢，必須刻不容緩地在創科新經濟領域下苦功。這是深圳超港的第三個啟示。

二十一世紀最寶貴的資源是人才，尤其是創新科技人才，更是全球各地爭奪的目標。本港不乏科研人才，但因大學教授薪金偏低、缺欠企業投資或應用場景，只好北上將科研成果商品化。相對於深圳的「孔雀計劃」，港府會否提供更多稅務優惠，鼓勵創科產品開發？會否增加投資河套區的基建和配套設施，以便吸引更多科研人才落戶做出成果？這是深圳超港的第四個啟示。

莫讓「伸手思維」害了香港

劉瀾昌

粵港澳大灣區發展進入第三個年頭，大灣區的綱要已經公布，最為喜人的是，中央和粵港澳三地政府在規則對接上展現突破，那些制約大灣區優勢發揮的因素已開始着手解決。粵省正制定三年規劃。只是不明白，為何香港特區政府有官員說，綱要之中，有些我們可以做，有些我們也不一定做……

香港切勿做「伸手黨」。似乎綱要對香港特區政府也沒有什麼約束力，或許潛台詞就是「有着數就攞，沒着數就束之高閣」。也有人提出形形色色的建議，諸如在大灣區建「香港城」，「香港式醫院」等等。表面上看，利於香港融入大灣區，但是細想起來，還是個「伸手派」。

筆者可認為，此種伸手思維要不得。不但實際伸手要不到，而且還害了香港不知要苦練內功，以服務大灣區來尋求新的經濟活力和競爭力，提升香港自身的內在發展動力。若真有嗟來之食，那還需自身發展。就怕三年之後，香港 GDP 不但被深圳超越，還會有更多的城市趕上。

向內地要土地蓋「香港城」，蓋港式的樓宇，給香港老人到內地養老，也許心是好的，但是可行嗎？本來，香港老人到內地養老不是新鮮事，事實上也有數以十萬計的老人回鄉安度晚年。之前，政府也有過「廣東和福建計劃」。但是，要內地撥地給香港起「香港城」，恐怕就使內地政府面有難色。

事實上，內地中心城市如深圳、廣州、珠海、中山、佛山，自身的土地需求也旺盛，處於供不應求的局面。其次，內地的土地是有價的，不可能無償供應。再次，內地的樓價也一直上升，就算蓋了「香港城」價格也不會便宜，要去養老的港人負擔得起嗎？如果是只租不賣，香港的財政又是否可以負擔？很明顯，這些想法甚至提案，都是沒有經過深思熟慮的。

香港和內地的醫療服務水平互有短長。在內地起「香港式的醫院」，方便在內地養老的港人看病。這也是「說起來好聽做起來難」的計劃，這不但涉及土地，還涉及醫務人員派遣及管理等一系列複雜的問題。香港目前自身的醫護人員缺乏，難道還派得出人到珠三角服務？俗語也有云「尺有所短寸有所長」，香港和內地的醫療服務水平也是互有短長。

筆者「生蛇」到將軍澳醫院診治，當時已向值班醫生提示可能是「生蛇」，但是被否定，後來還是要到廣州看。實際上，香港人回鄉養老，居住不是大問題，關鍵是本來在香港享有的福利能否在回鄉超過一百八十天之後還百分百領取？香港政府官員心胸寬廣了，想通了利弊，又何須到內地蓋樓蓋醫院，只需明示，港人回鄉養老原有福利不變便可了。

更為重要的是，香港問內地要土地，就像澳門要珠海橫琴島土地一樣，人家會不會問你，你香港為什麼不能自己解決土地，你的養老「香港城」為什麼不能在香港自己找地方蓋？你香港也可以填海呀，也可以發展新界呀，你自己不好好破除自身發展的難題和障礙，怎好意思伸手過來要呢？再說，人家還會說，把地給你，你也不知道要搞多久才能成事？深圳河套地區已經讓你們搞了，但是那裏的發展就像小腳女人，走一步搖三搖也不知道猴年馬月才能到外婆橋。

香港的優勢——服務。事實上，中央已經照顧香港。中央已公布八項便利港澳政策，包括稅務方面，確定境外居民在內地逗留不足二十四小時不計算一天；擴大境外人才所得稅補貼；粵省事業單位公開招聘港澳居民；港澳青年到大灣區創新可獲廣東青年同等的政府補貼；支持港澳高校和科研機構參與廣東省科技計劃；港澳居民出入境便利化；便利港人跨境非營運私家車利用港珠澳大橋前往廣東；減少粵港兩地海關貨物清關時間。

筆者認為，這八項措施，是看到中央對於粵港澳大灣區的優勢和制約，有非常清醒的認識并對症下藥，尤其是對於妨礙大灣區生產要素流通的制約因素積極解決。同時，在利益分配上向港澳傾斜的。但是，香港又是如何充分利用這些便利的呢？廣東的馬興瑞省長大方，允許香港私家車單方面通行港珠澳大橋去大灣區，但是香港政府又是怎樣落實的？君不見，八項措施公布後，港珠澳大橋每天還只是二三千香港私家車上橋，幾十萬車主還是望橋興歎。可見，當下是香港政府跟不上啊。

事實上，粵港澳大灣區和「一帶一路」都是香港新的發展機會，重點在於香港原有的優勢可以充分發揮。香港的優勢是什麼，大灣區綱要給香港的定位：要鞏固和提升香港作為國際金融、航運、貿易中心和國際航空樞紐地位，並強化香港作為全球離岸人民幣業務樞紐地位、國際資產管理中心及風險管理中心功能，同時推動金融、商貿、物流、專業服務等向高端高增值方向發展。筆者的理解，可以歸結為兩個字：「服務」。

香港只有樹立服務大灣區的觀念，才能最充分發揮香港的不可替代的優勢，香港也才能在服務大灣區中求得自身競爭力的升級，求得自身GDP的增長。同時，發展是解決現存問題的最佳途徑，香港經濟升級發展，養老問題也就迎刃而解。

部分港人「排內」情緒太強烈，為的是尋找代罪羔羊

雷鼎鳴

香港近年出現了一種「排內思潮」，對一部分港人頗有影響。所謂「排內」，是指排斥從內地到港的訪客或新移民，而不單是指排斥內地政府。

這種現象在十多年前或許已經逐步成形，帶有嘲諷意味或甚至是具侮辱性的名詞陸續出現，「強國人」、「鳩嗚團」、「蝗蟲」、「鬼域」、「支爆」等變成網上及某些人的「潮語」，你若指出這些詞語脱離現實或太過分，你只會是浪費時間，有些人對事實或道理已失去興趣。

香港自身問題也怪內地人？

此種思潮也削弱了公共政策的有效討論。當土地供應專責小組及主流傳媒都指出香港樓價世界最貴，而且港人人均居住面積遠小於新加坡、內地及世界上所有的發達經濟體時，有些人硬是要説香港土地很足夠，只要不容許內地每天一百五十人來港便可（其實近年每天平均只是一百二十餘人）。只要對香港的人口與土地數據作定量分析，便可知人口數量並非是樓價居高不下的原因，缺乏土地供應才是。

港人因生育率幾乎全世界最低，所以雖有新移民，人口的年增長率只得百分之零點四，是世界極低的水平，但因人口老化，每個住戶的平均人數下降，住戶數量卻以每年百分之一的速度增長，到二零四三年見頂。不過，土地供應量在二零零三年後卻一直低迷。聲稱香港不缺土地的人，其背後的潛台詞只是不希望有內地人來港。

春節前流感盛行，醫院急症室迫爆，只要分析醫管局的數據，也不難知道香港的醫療人員不足，公家醫院的醫生更嚴重短缺，但也有些人認為這都是太多新移民佔據了香港的公共醫療資源。香港本來便是個移民城市，年輕人的父母或祖父母輩很多是移民。況且新移民的年齡中位數只有二十九，遠比年齡中位數為四十四的港人來得年輕，新移民又怎會是醫療系統的主要佔用者？埋怨新移民的，只是在找代罪羔羊。

有退休前議員自稱聽人說過新移民中有大量共產黨員，人數超過二十萬。不少評論人早已指出，這是不經大腦的胡亂猜測，共產黨員在內地被當作是精英分子，新移民中有大量屬經濟低下層的婦孺在港為學業與生活艱苦奮鬥着，把這些人視為有特殊任務的人，只可能是「排內」的想入非非。這也反映出「排內」情緒太強烈，會使人失去判斷力。

香港的「排內」顯然是民粹主義的一個重要特徵，當今世界不少發達地區民粹流行，其他地方的「排外」與香港的「排內」本質上一致。當世界經濟走向全球化，而內地創新科技又開始領導經濟發展時，「排內」思潮頓時會成為香港經濟進步的障礙，不少青年人會喪失擁抱香港新機遇的能力，最大的受害者正是這些「排內」的人。

為什麼會出現「排內」？

為什麼會出現「排內」？當一種新科技出現後，世界能以更低的成本做到更多的事，社會既有的平衡必被打亂，很多制度與規則都要調整才能達到新的平衡，否則社會容易出亂子和充滿怨氣。

中國參與了全球化的生產活動，意味着不少產品都可用較低的成本造出來，這與新科技的出現所起的效果近似。一些港人過去自以為有優勢的產品，內地的工人現在也可造到，而且價錢更便宜，港人若不懂調整，或重新找尋自己的優勢，便要承受巨大的市場壓力。港人中不少未有掌握到新的技能，他們的收入便停滯甚至下降，會感到在事業上前無去路後有追兵。在他們眼中，不少的壓力來自外面的競爭，所以他們心理上容易「排內」。

對知識或技能沒有優勢的人而言，他們面對的市場壓力是無情的。作為世界所有的創新科技中心與國際金融中心，香港人傑自會地靈，人才薈萃，收入增加，很易把樓價推高，那些沒有跟上社會新形勢的人根本住不起房子。在其他國家，不掌握當地技能需求的人可遷徙至樓價較低的地方工作，但香港不容易，尤其是那些不打算與大灣區經濟融合的人。

「排內」是一種消極的思潮，對香港及當事人都不利，但很難化解。也許很多「排內」的人在政治立場上反對中國政府，但重點不在此，而在他們也排斥普通的人民，所以這不一定涉及政治立場或意識形態，而是與情緒發洩有關。

如上文所說，在新時代中缺乏自身競爭力的人容易出現「排內」情緒，所以「排內」的解藥也在於社會能否提升大部分港人的競爭力，這倒不是三年五載可解決的事。學校改革課程，使更多的年輕人能掌握到新科技及懂得與內地及一帶一路的人民溝通，這可幫助他們就業，減低「排內」思潮一代一代傳下去的機會，香港的教育界有必要檢視現時的課程是否符合社會的需要。

增加土地供應從而遏抑樓價也是重要的舒緩「排內」方法，但沒有一二十年的工夫，這形成不了效果。推動與大灣區經濟融合，鼓勵更多的人認識內地的發展機遇，或許也有幫助，但需時也是長久。假如世界的大環境沒有大變化，「排內」的思潮很可能還會維持一段頗長的時間，它可以被抑制，但不會消失。

香港的命運與創新的動力

邱立本

沒有人會想到香港擁有那麼多的創新人才。最近在中國和國際上頻出風頭的商湯科技，專長於人臉識別，讓很多觀賞張學友演唱會的通緝犯身份暴露，無所遁形。它所發展的創新科技，在自動駕駛上，配合即將流行的 5G 互聯網系統，將會改變全球的生活方式。

商湯科技的來源是香港中文大學的教授團隊，包括了湯曉鷗、徐立、尚海龍等。他們在人臉識別、擴增實境（AR）、深度神經網絡等領域，都有所突破，也贏得金融界的不斷投資，晉升為「獨角獸」（創辦不到十年、未上市但估值達十億美元的公司）。

當前在全球無人機市場掀起風雲的大疆公司，創辦人汪滔就是香港科技大學的碩士。他在無人機的技術上獨領風騷。儘管他的產業化之路是在深圳，但他永遠不會忘記香港這個城市，帶來科研的靈感，讓他的大疆公司成為全球最大的無人機製造商。

香港七百萬人口，就出了兩位諾貝爾獎的得主。畢業於培正中學的崔琦和聖若瑟中學出身的高錕，都是其中的佼佼者。當然，香港的數學家丘成桐也是在國際上鼎鼎大名，他也是培正中學畢業，在國際數學界也拿到等於是諾貝爾獎的費爾茲獎。

其實香港的創新能力長期以來都有一種特別的氣質，就是追求開放、自由與奇兵突出。即使是在資源匱乏和空間狹窄的限制下，香港人都努力實現粵語所說的「執生」，也就是隨機應變，尋求最好的效果。

儘管香港曾經被貼上「文化沙漠」的標籤，但香港文壇的創意，從金庸到古龍，從倪匡到梁羽生，都贏得全球華人讀者的心。而在商業世界，香港人靈活多變，也出了李嘉誠等企業家，在世界舞台上赫赫有名。

不過香港面對最大的挑戰還是在制度的革新上，如何在當下的「一國兩制」格局中，展現最有效率、也最有創意的社會發展。儘管香港年前經歷「佔中」等內耗的經驗，但這兩年來新一代都開始轉向，告別意識形態的糾纏，轉向創業與經營管理的突破。香港近年出現七個「獨角獸」的企業，勝過人口多三倍的台灣，也成為投資界津津樂道的傳奇。

但香港最大的考驗，就是如何將科學、企業與文化上的創新能力，移轉到政治制度的建設，讓香港保持自由與開放的格局，善用市場機制與金融創新力量，但又能免於當前很多民主社會陷入內耗的陷阱。這是香港人不能繞開的挑戰，也是創新旅程上的終極目標，讓創新成為社會進步的動力。這不但改變香港的命運，也將成為中國的重要參考系，最後改變中國的發展軌跡。

第四章

新政爭撼起的攻防戰

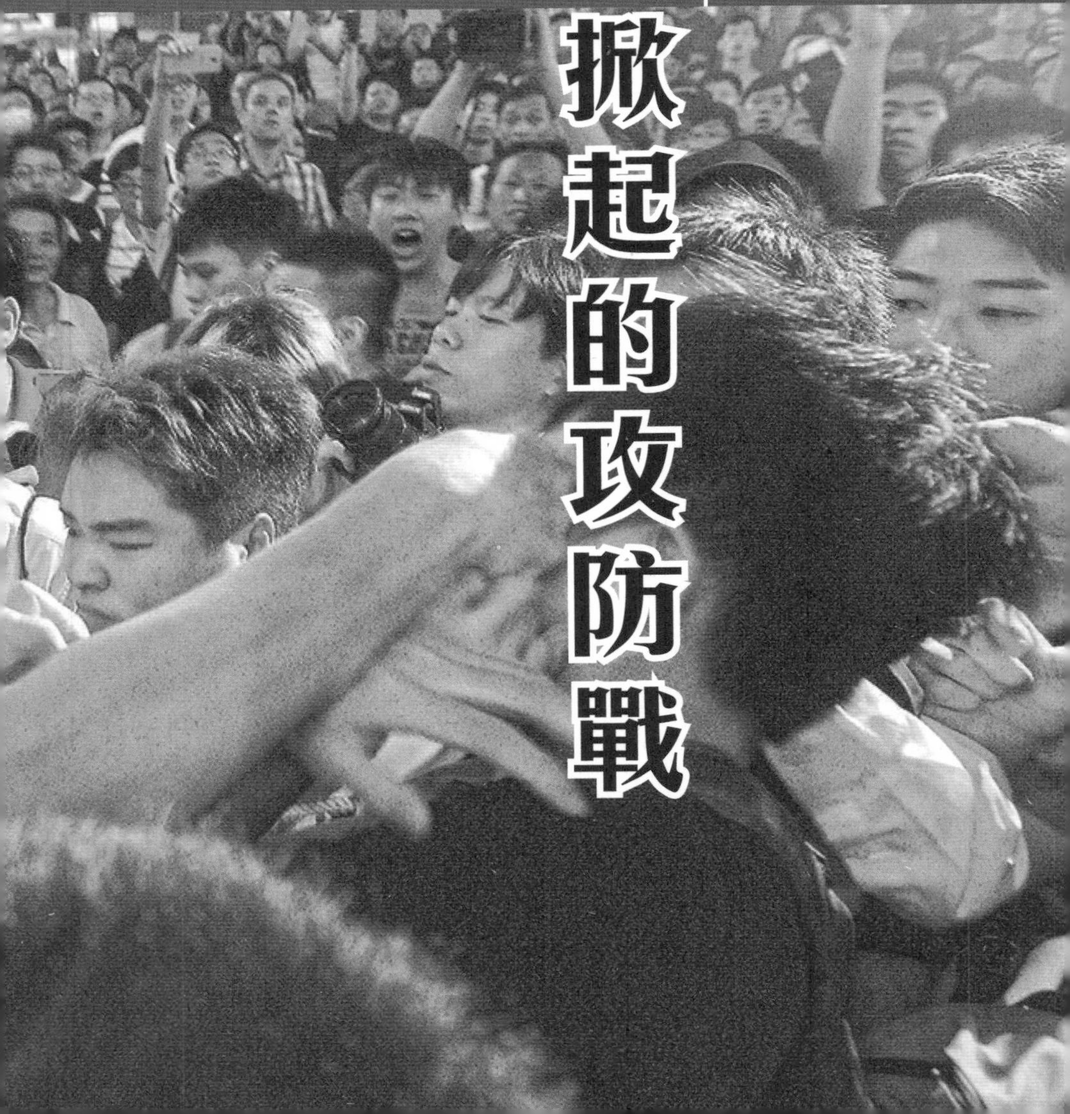

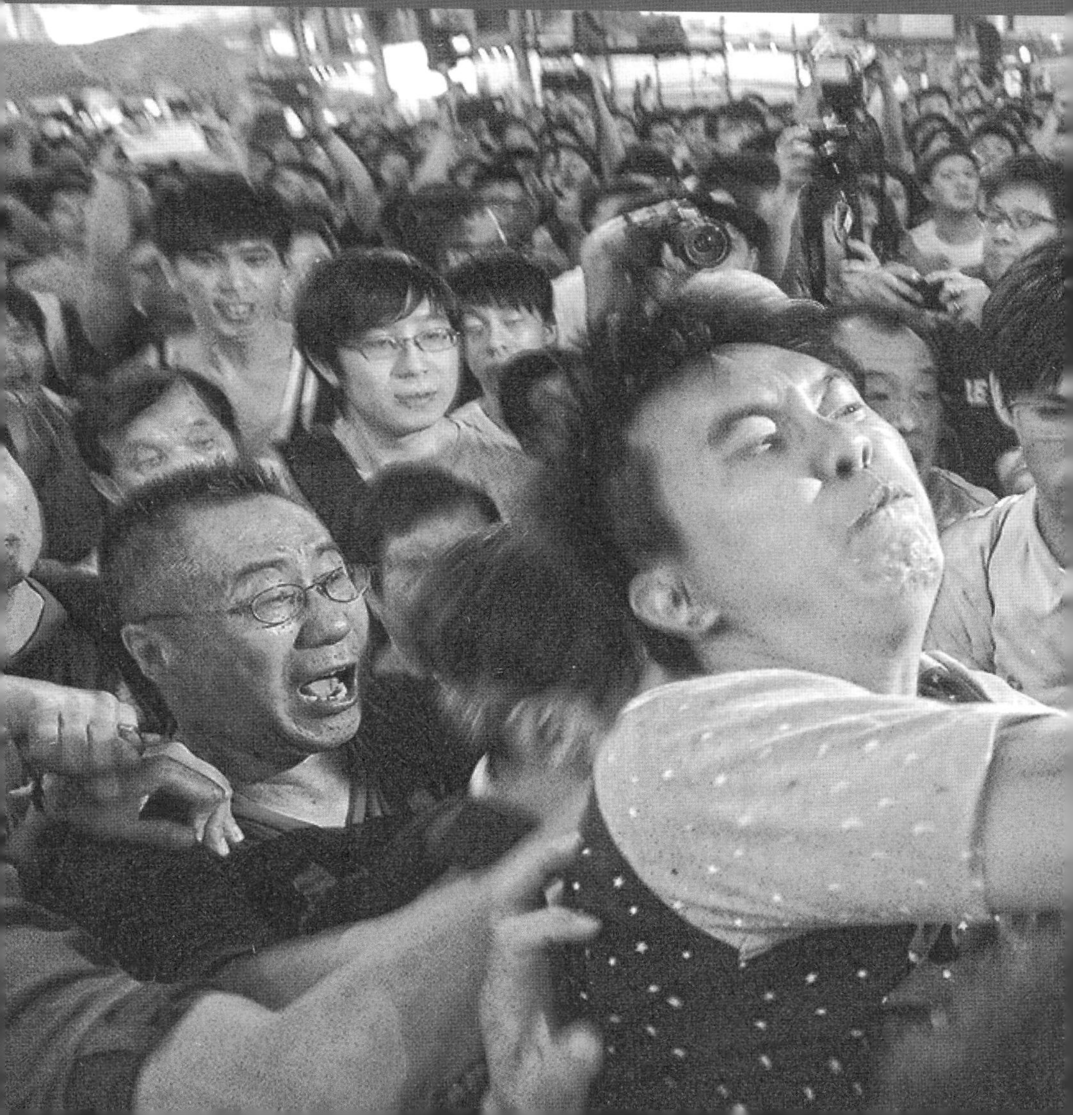

主張「港獨」的民族黨被禁止運作後，香港政局的變化

周八駿

傳統「泛民主派」一方面澄清他們不同意或反對「港獨」，一方面反對特區政府禁止香港民族黨運作。他們以香港民族黨自二零一六年三月二十八日宣布成立以來僅止於鼓吹「港獨」，尚未訴諸非和平手段為藉口，質疑香港民族黨被禁，有損結社和言論自由。

二零一八年七月二十七日陳莊勤律師在《明報》評論版發表名為〈對香港民族黨執行社團條例，必然是政治決定〉的文章，以事實雄辯地說明，在香港，結社自由和言論自由從來就不是不受任何約束的，《社團條例》從港英時代制訂到修訂，再到特區臨時立法會再修訂，一直是香港政治在不同歷史時期的一個縮影，是有關當局因應不同歷史時期香港政治形勢的舉措。

特區現屆政府引用《社團條例》第八條 (1) (a) 款，基於維護國家安全或公共安全、公共秩序或保護他人權利和自由的需要，決定禁止主張「香港獨立」的香港民族黨運作，是因應香港政治的最新演變。

自二零一八年初，美國特朗普政府對中國發動人類有史以來規模空前的貿易戰，目前，呈升級趨勢，宣告從現在到本世紀中葉，美國全球戰略的重點已是並將繼續是遏制中國。美國不會讓中國人民順利實

現兩個一百年目標。面對全球格局如此重大的變化，衡量和判斷香港在維護國家主權、安全和發展利益中的位置，衡量和判斷「港獨」勢力對香港穩定繁榮，對國家主權、安全和發展利益的危害性，顯然就不能同二零一八年之前相比。

隨着美國全球戰略重心轉為遏制中國，美國當局加強對「台獨」勢力的扶持，台灣民進黨當局也加快「台獨」部署。在如斯背景下，必須格外重視「港獨」勢力與「台獨」勢力相勾結，並採取有力措施予以打擊。

香港民族黨召集人陳浩天承認，二零一八年七月一日他在台灣出席一個由主張「台獨」的學者梁文韜主持的記者會，可能是促使特區政府決定禁止香港民族黨運作的「最後一根稻草」。但是，他沒有承認，「港獨」和「台獨」加強合流，為美國遏制中國服務。

至今，反對派政治團體尚未就中美關係演變發表正式立場和觀點。但是，一貫親「泛民主派」的若干公共知識分子已表明支持美國。他們有三個觀點。

一是把中美關係惡化歸咎中國，指責國家最高領導人放棄「韜光養晦」，挑戰美國。

二是把「新冷戰」混同於上世紀五十年代至八十年代的「冷戰」，把中華人民共和國香港特別行政區混同於英國管治下的香港，公然主張香港特別行政區不僅不能融入國家發展大局。相反，必須仿效英國管治年代、同國家保持距離，美其名曰讓香港如同上世紀五十年代朝鮮戰爭，六十年代越南戰爭後替中國充當與西方國家聯繫的「窗口」。

三是斷言中國必將向美國低頭，因為美國擁有武裝到牙齒的軍事力量，中國顯然不是對手。

提出這些觀點的人，無不擔憂個人和家庭利益的動機，但是，他們不主張「港獨」卻站到美國一邊，不能不令人更加警惕「港獨」的危害性。

二零一八年七月二十五日國家主席習近平在約翰尼斯堡金磚國家工商論壇的演講中指出：

「當今世界正面臨百年未有之大變局。」

「未來十年，將是國際格局和力量對比加速演變的十年。」

「未來十年，將是全球治理體系深刻重塑的十年。」

二零一八年七月二十六日，國家主席習近平在金磚國家領導人約翰尼斯堡會晤大範圍會議上的講話中指出：「時代大潮奔騰不息，不以任何人的意志為轉移。」香港特別行政區必須也只能跟隨國家，投身時代大潮，加快融入國家發展大局。

據此，香港民族黨被禁止運作後，香港政局將向下述方向發展。

第一，特區政府將更加明確和堅定地貫徹「一國」是「兩制」的「根」和「本」。陳莊勤律師在上文中指出，禁止香港民族黨運作的決定，應該更早一些；特區政府沒有必要忌諱禁止香港民族黨運作是有法律依據的政治行動。這樣的善意批評，應當引起政府管治班子重視。

第二，任何公然主張「港獨」的團體和個人將被禁止活動，對於主張「本土自決」的隱性「港獨」團體和個人產生有效威懾。

第三，在二零一九年第六屆區議會和二零二零年第七屆立法會的提名階段，將嚴格貫徹全國人大常委會關於《基本法》第一百零四條的解釋。

第四，落實《基本法》第二十三條將及時提上特區議程。

買入人民幣，上中美貿易戰場

江迅

共和國國慶日（二零一八年十月一日）將至。想起年輕時，一腔熱血，總能背誦諸多愛國的詩詞和名句。歲月如梭，不過現在也還記得一些：「商女不知亡國恨，隔江猶唱後庭花」（杜牧）、「臣心一片磁針石，不指南方不肯休」（文天祥）、「國家是大家的，愛國是每個人的本分」（陶行知）……來到香港二十多年，「愛國」情懷似乎漸漸淡了，因為在腳下這片島土，年年風調雨順，也沒遇上需要生死搏擊的「國家大事」。

前不久，聽評論家、學者阮紀宏說，法國取得足球世界盃冠軍，香榭麗舍大道塞滿了慶祝的國民。他們不分經濟階層屬性，共同喝彩國家隊的勝利。「香港人與內地同胞共同歡呼國家勝利的場面，從來沒有，將來也未必有機會在香港發生。然而，在香港歷史上，也曾出現過高漲的愛國情緒。那是抗日戰爭爆發的年代，香港學生上街宣傳抗日，學生組織服務隊到內地抗戰」。曾經是媒體人的阮紀宏感嘆道：「國家危難會激起愛國熱情和行動，而今中美戰幔揭開，香港人會產生同仇敵愾的情緒嗎？」

我聽了一愣，猛地驚醒：是啊，中美一旦真槍實彈打仗，香港人會為保衛祖國上戰場嗎？如今，面臨百年變局，中美貿易開戰，香港人會站在自己國家這一邊而萌動反美情緒嗎？

日前，我的朋友、媒體人盧永雄說，美國如今的形象，有如他小時候看的「大力水手」卡通片中的歹角布魯圖一樣，是一個恃着自己強壯，就到處欺負弱者的惡人。他對所有貿易夥伴都這樣，把刀架在別國的頸上，然後要求締結城下之盟，逼別國向美國輸送貿易利益，「聽到美國對中國再次加徵關稅的消息……我就即時付諸行動，走入銀行，買入人民幣」。前幾年人民幣急升時，很多人在銀行開戶口日日換人民幣，但他那時沒有這樣做。他買入五萬元人民幣，不是為了投資，也明知一個人買入多少人民幣都無作用，但他想表達一種態度，不但是要支持國家，也是要對美國發起這場不義的貿易戰表示抗議。

翌日，我另一位朋友、也是香港媒體人的林芸生說，「響應盧永雄前輩的愛國行動，我也即時衝動，付諸行動，買人民幣」，「這區區一小筆人民幣，代表大家對中國戰勝的期盼，也表達炎黃子孫對美國霸權的抗議」。

我不知道林芸生究竟買入多少人民幣，十萬？百萬？錢款數字不重要，重要的是這股情緒。我也不知道在香港，身邊有多少媒體同行懷着一股愛國激情，默默去銀行下單買入人民幣。正如林芸生所言，「買人民幣這一回事，也同時合乎愛國情感與理性投資的原則。受貿易戰影響，目前人民幣已跌至近年罕見低位，香港人這時買入人民幣，既表達對國家的支持，也是保本投資的好選擇。待中國適應貿易戰後，人民幣匯率定會回升……我把所有分析建立在『中國戰勝』的大前提上。身為中國人，難道不應該把自己的命運綁在國運上嗎？難道要學那些黃媒反對派盼美國打贏？這種現代漢奸的想法令人髮指」。

當年韓國民眾共赴國難

盧永雄、林芸生的行動，以及阮紀宏的質疑，令我想起一九九八年亞洲金融危機時，外國對沖基金狙擊韓國貨幣，國家遭遇外匯危機的最艱難時刻，韓元受衝擊貶值而對外支付的信用度下降。當時韓國外匯儲備不多，很多韓國人排隊買入韓元支持國家，很多女性變賣自己的金首飾支持本國貨幣。與太極旗一起再次騰飛，韓國民眾面對金融危機共赴國難。儘管這些做法的直接經濟價值，對於戰勝來勢兇猛的金融危機的作用有限，但象徵意義的影響卻無窮。

當下，中美貿易爭端擴大，人民幣首當其衝，匯率持續走低，二零一八年以來跌逾百分之五，在主要亞幣中僅僅比印尼盾好，為第二弱，國際上擔心人民幣匯率穩定的問題，更擔心中國為應對貿易戰而開啟貨幣戰，讓人民幣匯率劇烈貶值以沖抵貿易戰影響。不過，近日從國務院總理李克強到人行行長易綱接連發聲，強調中國不會開啟貨幣戰，不走人民幣貶值促出口之路。如今外匯市場消化複雜因素的能力正在增強，人民幣表現淡定。

中美貿易戰已持續四個月，戰火正酣。九月二十四日，中國傳統佳節中秋節，美國送來一份「厚禮」：關稅戰打到兩千億級別，打響貿易戰第三槍。中國也隨即反制美國，「回禮」而徵收關稅，宣告取消中美經貿談判。兵來將擋，水來土掩。貿易戰急轉直下，更擴展到對中國軍隊機構及負責人實施制裁、網絡戰略互打，雙方對抗的正螺旋向上。

中國將採轉守為攻戰略

中國國新辦日前發布《關於中美經貿摩擦的事實與中方立場》白皮書，三萬六千字，對美亮劍，指責華盛頓出爾反爾的貿易霸凌行為，中國將採取轉守為攻戰略。此刻，媒體人盧永雄、林芸生們在行動。我這媒體人也當跟上，拿出私房錢區區數萬港元，買入人民幣，加入「愛國」行列。朋友們都在行動，那麼你用什麼方式上中美貿易戰場呢？謹記盧永雄所言，「中國弱，香港人在國際上也沒有生存空間，所以我們要支持國家，打好這場貿易戰」。

民粹氾濫下的香港，到底需要什麼樣的政治領袖？

陳莊勤

香港特別行政區政府在二零一八年五月開始就增加土地供應問題進行公眾諮詢，並由以黃遠輝先生為主席的「土地供應專責小組」收集公眾意見。被稱之為一場「土地大辯論」的土地供應政策公眾討論便這樣展開。

特首表態支持填海，引不同聲音

在以「增闢土地 你我抉擇」為主題的公眾諮詢中，特區政府就增加土地供應提交了十八個選項給市民表達意見。就在土地供應專責小組舉行了多場諮詢收集市民對十八個選項意見的時候，特區政府行政長官林鄭月娥女士突然在諮詢開始還不足兩個月的時候，公開表態支持填海增加土地供應。

特首的表態招來不同界別的批評，指政府不尊重「土地大辯論」諮詢及架空土地供應專責小組；更有批評直指政府早有定案屬意以大規模填海達致增加土地供應的目標，而所謂「土地大辯論」的公眾諮詢只是走過場。

政府早已放風為提供足夠的房屋供應，香港中長期短缺共一千二百公頃的土地。達到增加一千二百公頃土地的目標，可行選項極為有限，政府便是以此引導市民支持政府大規模填海的決策。

如果從市民的角度，細心分析特區政府在「土地大辯論」中提出的十八個增加土地供應的選項，大致可分為七類，其中六個分類基本上均是並非所有人都易於明白掌握的選項、或者是不同立場群體與利益群集團鮮明對立的選項，不易達成共識。

土地問題是之前政府留下的後遺症

房屋問題一直是香港眾多社會問題的根源。回歸前二十多年持續不斷的大規模興建房屋、特別是公營房屋建設，是社會穩定的重要因素。近年樓價不斷攀升，樓價高企令年輕人無能力置業是近年年輕人躁動不安的根本原因。

香港回歸之初，首任特首董建華先生曾提出大規模興建住房的大計，不幸的是遇上亞洲金融風暴，經濟環境逆轉樓價大幅下跌而使計劃無疾而終。接任特首曾蔭權爵士上台，為保私樓市場樓價，不但減少興建出租公營房屋及乾脆停建出售居屋，甚至連土地開發也在他七年多任期中完全停止。後遺症便是今天政府面對無地建屋的困境。

特區政府發出的信息是中長期香港需要一千二百公頃的土地。要滿足這要求，大規模填海是不可或缺的選項。無論「土地大辯論」的結果如何，港人面對的現實，是大規模房屋建設需要大量可供建屋的土地。

無疑，一些發展商囤積了大量棕地及農地伺機發展，但那不會是廉價的土地；政府與囤積土地的發展商合作，對提供大量廉價房屋並無幫助。唯一讓特區政府可以獲取大量低成本土地資源必然離不開大規模的填海，那是無可逃避的選擇。

民意紛陳，難達「共識政治」

「土地大辯論」公眾諮詢至今已舉辦了三場大型的公眾諮詢，每一場都是不同團體各持己見爭論不休。更不堪的是很多小眾意見根本與土地開發扯不上關係，例如第三場的公眾諮詢中，甚至有人把欠缺社福設施的微觀議題也在宏觀土地供應的辯論中提出來作為意見。這樣低水平的辯論必然沒完沒了。

其實不着邊際的討論，廣東人說的各自「吹水」的「土地大辯論」，突顯的便是現屆以前公務員為特首的特區政府的矛盾。很明顯，林鄭月娥女士上任至今，從爭取「大和解」到今天這次「土地大辯論」完全開誠布公、把所有的選項放上桌面讓公眾討論，背後的理念仍然是懷緬殖民地時代的「共識政治」，希望能透過公眾討論就政府的重要政策問題達致某種全民共識。

然而，殖民地時代的「共識政治」，是在特定的不民主強勢殖民地政府主導下的和風細雨式公眾討論背景下的產物；與今天弱勢政府的任何政府政策建議，均碰上針鋒相對的爭論，根本不可同日而語。

在回歸二十一年後的今天，任何社會政策的諮詢均必然眾說紛紜，沒有統一意見。如果有留意電台有關土地政策的討論，不時會聽到不同的團體很自我地指責政府沒有問他們同不同意，任何團體即使是很小的小眾團體都認為政府政策執行與否均必須獲得他的同意，否則他們便鬧個不休。

不是沒完沒了的聽取民意

現行體制下永遠沒法執政的各政黨也必然對不同的小眾意見推波助瀾，為他們站台，以證明他們影響政府決策或阻擾政府決策的能耐。這便是民粹氾濫、政黨沒有執政出路、政治現實下香港社會的獨有現象。在這背景下，為政府決策尋求民意共識，根本是完全沒有可能的；即使是退而求其次尋求主流民意支持，亦非易事。

在民粹氾濫的社會，軟弱無能、不作為的政府，說得最多的是聽取民意。民意紛陳莫衷一是，正是不作為政府的「不作為」的最佳藉口。為政者是作出決策為人民謀福祉，而不是沒完沒了的聽取民意或發掘民意。

非民主的殖民地政府可以在不民主的政治架構下尋找理性科學決策，在嚴密監控下爭取民意共識推行政策；同樣非民主產生的特區政府也完全可以在不民主的政治架構下尋找理性科學決策，不同的是今天特區政府面對的是政府決策被散碎的、不妥協、很多時候甚而只是小眾立場群體的民意阻擾。

民粹氾濫下的香港，需要的不是在民意紛陳中迷失裹足不前的官僚、躲在散碎小眾民意背後阻擾政府決策的政客；香港需要的是有「擇善固執、力排眾議」的氣魄、勇往直前為民謀福祉的政治領袖。

沒有現實意義的《中英聯合聲明》，成了反對派的彈藥

陳莊勤

在前特首梁振英政府曾擔任中央政策組主任的邵善波先生與前民主黨主席李柱銘先生，就《中英聯合聲明》（Sino-British Joint Declaration）是否仍然有效的問題發生爭論，並引來了其他從不同角度看這問題的不同論述。

早已存在《中英聯合聲明》無效論

《中英聯合聲明》無效論最早在二零一四年出現。於二零一四年十一月底「佔中」進入尾聲時英國外交部外交事務委員會一個代表團擬訪港調查《中英聯合聲明》的執行狀況。對於英國外交部外交事務委員會代表團擬於「佔中」期間訪港一事，當時中國駐英副使倪堅拜訪英國下議院外交事務委員會主席查德．奧塔韋爵士（Sir Richard Ottaway），向他通報了中國拒絕代表團訪港要求的決定。

倪堅在與查德．奧塔韋爵士的會面中，傳遞了中方對《中英聯合聲明》的立場。倪堅在傳遞的訊息中，表示中方認為「由中英雙方簽署的《中英聯合聲明》只涵蓋一九八四年簽署至一九九七年主權回歸的一

段時期，《中英聯合聲明》現已無效。」事件引發英國國會外交事務委員會罕有地召開了一次緊急會議討論該事件。而時任香港政制事務局局長譚志源就有關《中英聯合聲明》已無效的報道，只是含糊其詞地說《中英聯合聲明》的歷史任務已經完成。當時對源自英國的報道，也沒有引起很大的關注。

面對眾多關於違反《中英聯合聲明》的指責，在接着二零一七年香港回歸中國二十週年前夕，中國外交部正式宣布，《中英聯合聲明》作為規範香港回歸中國後如何管治香港的藍圖，在香港回歸中國、落實「一國兩制」後，已成了一份歷史文件，不再有任何現實意義。當時外交部發言人陸慷進一步說明，《中英聯合聲明》不再對中國有約束力。

外交文件是否有效，要看文件本質及內容

究竟《中英聯合聲明》，作為中英兩國簽署的一份外交文件是否仍然有效，需要看文件的本質及內容。

涉及國與國的協議性文件一般若經過戰爭後，兩個或多國之間達成的協議，會以條約形式進行。十九世紀中國屢次戰敗後與戰勝國簽署的便是多條戰敗條約，如《南京條約》、《辛丑條約》、《馬關條約》等。國與國間的條約亦可以用作締結盟約、或用作落實就特定問題國與國之間的協議。對於國與國之間的條約，締約國須就條約的履行對其他締約國負責。

聲明，在外交範疇，是某一國申明該國在某些問題上的立場和政策。根據聯合國對外交人員發出的訓練與研究指引，認為某國作出聲明，可以是有法律約束力的，但一般均不會有法律約束力。

然而，在外交範疇，由兩國或多國共同簽訂的聯合聲明，等同是國與國之間的條約，具有法律約束力。最近兩韓在四月，在板門店簽署的《板門店宣言》（Panmunjom Declaration）便是以聯合聲明的方式簽署，因而便是具這樣意義的，等同條約的外交文件。

《中英聯合聲明》屬各自單方聲明

但若細心將最近簽署的兩韓《板門店宣言》與一九八四年中英兩國簽署的《中英聯合聲明》比較，可以發現有一些顯著的不同。

《板門店宣言》主體內容共分三大段，涵蓋十三小段，每一大段及每一小段均清楚寫明是南韓及北韓同意某一事項，每一段都是以「南韓及北韓同意……」或是「南韓及北韓確認……」等雙方共同聲明的形式表達。反觀《中英聯合聲明》卻有完全不同的表達方式。

《中英聯合聲明》以雙方聲明文本及三個附件形式表達，在有八條內容的聲明文本中，中英兩國在不同段落中或是以各自以單方聲明方式表述自己的立場政策、或是共同聲明方式表達就雙方均參與的政策與事務雙方同意的決定。

《中英聯合聲明》文本中開宗釋義及主要內容是中英雙方各自的單方聲明。在第一條中，中國單方聲明一九九七年七月一日收回香港、九龍、新界，恢復行使主權。第二條英國單方聲明在一九九七年七月一日將香港交還中國。然後第三條中國單方聲明對香港的基本方針政策，並以附件形式詳列。在《中英聯合聲明》中第四條及第五條中，中英雙方才作出共同聲明同意過渡期由英國管治香港、中國政府給予合作，及同意成立過渡期的聯絡小組的安排。而第六條處理的是橫跨香港主權回歸前後，香港的土地契約問題，所以也由中英雙方以共同聲明及附件的方式表達。第七及第八條雙方同意將聯合聲明內容及附件付諸實施及訂明生效日期。

如果細心分析《中英聯合聲明》的表達方式，可以看出主權移交方式與戰敗後割地賠款的條約不同，在聯合聲明中各自單方聲明是雙方各自表述的表達方式。中國單方聲明對香港在一九九七年七月一日恢復行使主權，英國單方聲明主動在同一日交回香港。這是對解決那段充滿傷疤的歷史遺留下來的問題，雙方均具體面的表達方式，欠缺的是雙方共同同意的表達。

雙方共同聲明表達雙方共同同意的，只是有關過渡期的安排，及涉及橫跨回歸前後的土地契約安排。

落實《基本法》屬中國內政，外國無權干涉

中國在單方聲明中詳細說明了恢復行使主權後，對香港管治的方針政策，在與英國共同聲明中說明

對土地契約的政策，這些都可以說是中國的承諾。這些管治的方針政策的落實與土地契約的落實，便是回歸二十一年來英方所說《中英聯合聲明》的執行情況，因而站在英國立場《中英聯合聲明》涉及落實中國聲明對香港的方針政策，是中國需要履行的。

中國一直所持的立場是：《中英聯合聲明》中有關中國對香港的方針政策與土地契約的承諾，已通過制訂與落實《基本法》而實施，所以中國已完全執行了《中英聯合聲明》中第三條中國單方聲明對港方針政策及第六條共同聲明就土地契約所作的承諾。

而《中英聯合聲明》第一、二、四、五條早已執行完畢，因而基本上《中英聯合聲明》已不再有效。任何對中國在執行《中英聯合聲明》第三條管治方針政策的指摘，已變成是落實與執行《基本法》的問題，落實與執行《基本法》屬香港內部事務，是中國內政，外國無權干涉。

值得注意的是在國與國之間的條約中，條約條文的執行，有問責與負責的元素。即締約國一方須向另一締約國就條約條文的執行與違反向對方負責，或要求對方交代。

反觀每一次英國對中方提出違反《中英聯合聲明》的指責，並沒有以締約國問責的形式要求交代，只是含糊地說中方違反了《中英聯合聲明》；沒有明確指出違反了中英聯合聲明的哪一條哪一節，因為英國很清楚，若清晰指出違反了哪一條哪一節，便進入了《基本法》的相關章節，如何執行《基本法》和是否違反《基本法》，都是香港內部事務，由香港的行政部門及法院處理。在外交層面英國可以批評，但無權過問。

簡單來說，對英國而言，《中英聯合聲明》在香港主權回歸中國後，成為英國仍然可以每半年檢視香港情況，保持不斷批評香港事務的唯一外交及法理依據。實際上，英國是否可以就對《中英聯合聲明》某一指定的違反事項，按《中英聯合聲明》相關條文向中國問責，及強制對中國違規部分作出行動，只能是外交及法理上的學術討論。政治上中國已表明不同意這外交形式及法理依據仍然存在。

歷史上，能成功干涉外國內政的只有美國

《中英聯合聲明》是中英兩國遞交給聯合國存檔的協議文件，但文件本身是否仍然有效，抑或如中國所説已不再有效，唯一可以驗證的是若英國認為中國違反《中英聯合聲明》，大可交由國際仲裁。然而英國永遠不會這樣做。原因是：一，法理上欠奉，二，政治現實不容許。

在國際政治的現實中，能成功干涉外國內政的國家歷史上只有美國。隨着《基本法》的落實與實施，以英國今天的國力，《中英聯合聲明》除了作為英國法理基礎上可以每半年在外交部的香港問題報告中，紙上空談指指點點，為本地的反對派提供攻擊中國及特區政府的彈藥外，實際上真的是已沒有什麼現實意義。

政治掛帥的香港，如何能突破美國對中國的全面封殺？

楊志剛

最新的《施政報告》是創新科技壓倒政治爭拗的拐點，具開拓性。中國曾經是政治掛帥，今天是發展掛帥。香港相反。我們曾經是經濟民生掛帥，今天卻是政治掛帥：政治壓倒一切，媒體的頭條多是政治新聞，政治家和群眾關心的是政治議題，港人的政治立場決定了他們在一切議題上的立場。政治消耗了社會的能量，消耗了經濟和社會發展的動力，於是國家猛進而香港卻不斷滯後。在這交叉路口，特首林鄭月娥挾天時地利人和之勢，以洪荒之力，把香港推上浩浩蕩蕩的創科大路。

香港政治內耗已經極差，何需更差

香港政治的爭拗和內耗已經極差，何需更差。在創科路上的不斷挺進，為生命的奧秘，為人類的將來開拓全新局面，遠勝於糾纏在沒有結論的政治爭拗，例如不發簽證給日本資金擁有的《金融時報》的編輯。此舉是否違反新聞自由？違反新聞自由又如何？不違反又如何？給他簽證又如何？不給他簽證又如何？有何實質影響？

改變人類生命的大數據、人工智能、生命醫療科技、新能源、新材料、國際科技創新中心等大機遇，氣吞萬里地呈現在港人眼前。我們正踏入香港創造、香港發明的大時代，機遇之大，猶勝香港經濟騰飛的黃金歲月。但香港被捲入中美全面對抗的危機才剛剛開始，我們面臨美國全面封殺中國的冷戰時代，情況之嚴峻，中國四十年改革開放以來從未遇過。香港如何自處？

當今世界，全球主要國家均推出加強科技創新的戰略部署。科技強，則國強；科技弱，則國弱。沒有自主研發的核心科技而依賴外國提供，結果會是任人宰割。中興通訊為了重新獲得美國芯片供應，不單付出天價賠償，更要遵從美國訂下的方式撤換管理層、改組董事局、容許美國監管機構進駐公司，隨時隨地拿取內部資訊。一間立足於中國土地的龐大企業被外國政府這樣深度介入其管治和運作，史無先例。

大企業如此，國家亦然。一個國家如果沒有自主研發核心科技的能力，隨時面臨解體之災。強如前蘇聯，猶不能倖免。人類歷史上由非核彈引致的最巨型爆炸，是於一九八二年發生在前蘇聯西伯利亞天然氣管道系統。天然氣出口是前蘇聯的主要經濟支柱，該次史上最超強爆炸，是由美國中央情報局炮製，把蘇聯的經濟炸個稀巴爛，讓蘇聯經濟崩潰，最終導致蘇聯解體。

事緣蘇聯計劃大規模從不同渠道竊取美國科技，包括控制巨型天然氣管道系統的電腦軟件。該計劃被美國知悉，於是中情局將計就計，在軟件中植入陷阱程式，然後讓蘇聯成功「竊取」。該套間諜軟件正常運作一段時間之後，便依照預設的破壞程式將天然氣管道系統的壓力增加到遠超系統負荷，釀成超級大爆炸、經濟大災難。

有關蘇聯解體的國際評論，一直認為美國列根總統以軍備競賽（「星戰計劃」）拖垮蘇聯經濟。但「星戰計劃」只是最後一根稻草，西伯利亞管道大爆炸以及相關的一連串的科技陷阱，才是壓在駱駝身上的大樹，拖垮了蘇聯，導致蘇聯解體。

上述劇情如鐵金剛電影的真實個案，是由美國前空軍部長及國家安全委員 Thomas Reed 在獲得中情局批准後，於其著作《冷戰的深淵》中公開披露：「蘇聯所盜取的陷阱軟件，大規模融入各式各樣的戰略和民用系統……那些軟件埋藏了陷阱程式，所有東西都成為可疑物品，這正是中情局預設的結局」。

美國想要「打殘中國」？

中國有沒有中伏？《冷戰的深淵》對中國著墨甚少，沉甸甸的三百多頁中只有寥寥七頁談到中國，均屬無關痛癢。那是因為在上一次的全球冷戰深淵時，前蘇聯是美國最大勁敵，中國還未夠班被美國視為競爭對手。

但是經過改革開放四十年，韜光養晦三十年，中國國力迅速提升，加上國際地緣政治形勢迫使中國在多處地方亮劍，讓民族自豪感亦迅速膨脹，用來內銷的「厲害了，我的國」心態，竟然使美國誤以為中國真的很厲害。結果是美國民主和共和兩黨雖然處於史無前例的深度撕裂，但仍然能夠心懷絕對一致的默契：必須打殘中國。

這是全面的打殘。美國副總統彭斯於二零一八年十月四日在保守派智庫 Hudson Institute 的演辭，洋洋四千六百七十字，是一篇對中國展開全面冷戰的宣言。雖然中國已「自我審查」，不再對外宣揚「中國製造二零二五」，但彭斯就是扯着不放。

他更把矛頭直指在美國大學念書和在科研機構工作的中國留美學生，聲稱這些中國學生都可能危害美國安全。出自美國副總統之口的反華人學生言論，難免令留美華人學生時刻提心吊膽，動輒得咎。

此時，香港應該力挺國家

美國對中國創新科技發展的全面打壓，還未正式動手，而貿易戰則只是熱身賽。面對這個嚴峻局面，香港實應把握特有的優勢，充分利用香港與美國及其他西方國家長期以來科研合作的基礎，配合國家大策略，一盡綿力助國家於二零二零年進入創新型國家行列，於二零二三年成為創新型國家前列，並於二零五零年成為世界科技強國。

這是林鄭最新施政報告帶來的開拓：放下政治，科研興國。就像已故的霍英東先生於韓戰時以香港作為突破美國封鎖的基地，在中美進入新冷戰時期，香港需要再次默默地站出來，突破美國對中國的全面封殺。

香港之不幸——正邪不分

阮紀宏

一名外國記者、一名外籍華人以及一名華裔人士，最近充斥着香港的新聞版面。猶如香港的其他政治事件一般，爭論將會沸沸揚揚一陣，但不會有個了斷，反而會留下更加分化的社會。雖然如此，有些該「正名」的事情，還是要還它本來面目。

Victor Mallet，中文名馬凱，被拒絕入境所引發的爭議，應該追溯到香港外國記者會，其邀請原香港民族黨召集人陳浩天到該會出席午餐會並演講一事，這才是一切後續新聞的前提。很多新聞報道在描述馬凱的身份時，都說他是英國《金融時報》亞洲新聞主編，然後將他是「外國記者會第一副主席」的身份排在第二位，甚至不說他的另一個身份，這就是爭論無法聚焦的根本原因。

馬凱的另一身份才值得關注

首先需要確立一個基本事實：香港特區政府對外國記者常駐香港，或者外國新聞機構在香港設立地區總部，幾乎沒有任何限制，也沒有聽說過以前有拒絕給外國駐港記者續簽工作證的先例。任何外國新聞機構，其報道對香港以及對中國內地政府，無論從數量上或者程度上有多麼的負面，都沒有遭受過限制。

所以，馬凱被拒絕續簽工作證，以至後來被懷疑是挑戰香港特區政府的底線，而以遊客身份進入香港被拒，絕對不是因為他的記者身份。只不過特區政府官員不會為了馬凱的個案，而改變一直以來奉行不評論個別案例的習慣，才不會挑明問題的關鍵所在。

馬凱被拒，當然是跟他作為外國記者會第一副主席，邀請陳浩天在該會的場地和活動上宣揚「港獨」言論有關。而且是在中央政府駐港官員和特區政府官員，明言有關活動是為宣揚「港獨」提供空間，有關活動已經觸及中國的國家安全的情況下，馬凱堅持己見。事件牽涉國家安全的部分，後面再論；首先可以肯定的是，事件跟馬凱的記者身份和他所屬的新聞機構無關。所以，跟香港的新聞自由無關。

馬建事件滑稽的地方在於哪裏？

馬建是作家，很多報道明確地描述，他是異見作家。還要補充的是，他是英籍華人。任何在香港舉辦的藝術活動，都跟言論自由有關，這是需要肯定的，但過去香港很少出現因為本地的藝術活動牽涉政治而被扯上言論自由的關係。那麼，事件的另一個屬性就出現了：他是流亡海外的英籍中國異見作家，由於提供場地一方對其新書的內容有所顧忌，認為可能觸及「國家安全的紅線」，所以才會引起類似「捉放曹」的鬧劇。

馬建事件的細節已經有了充分的報道，這裏想引用一位論者陳莊勤的一段文字：「以立法會議員因宣誓效忠問題而被取消議員資格的司法覆核案件例子來說，為個別被取消資格議員，在法庭陳詞的竟然是不懂華語的非中國國籍大律師，主審法官用英語審判用英文裁定一個議員，以華語宣讀中文誓詞是否有效的案件，這便是面對關乎國家安全與利益問題時，香港遇上的特殊而荒謬的滑稽情況。」

馬建事件滑稽的地方在於，「大館」的負責人是外國人，不知道給他報告馬建其人和其書內容是如何敘述的，但由一個在香港的外國人，審核一個英籍華人用中文寫的關於中國的事情，然後引起香港民眾熱烈討論一番，後果卻可能是令到香港一部分人，以為香港的言論自由從此受到打壓，同樣是十足荒謬。

展覽真的受到威脅了嗎？

另一個是「巴丟草」展覽。展覽主辦方突然宣布遭受來自「中國當局的威脅」而「被迫」臨時取消展覽。相比前面的「兩馬事件」，展覽事件的報道語焉不詳，只知道三個主辦者——Hong Kong Free Press、無國界記者和國際特赦組織——是外國的國際組織，一直以來對中國政府持批判態度。不清楚的部分是，所謂「來自中國當局威脅」的細節，以及畫展從籌辦的動機到取消的具體過程。所以，不能排除鬧劇是經過精心安排的。基於事實不清不楚的情況下，去討論事件甚至拉上言論自由的重大指控，就更加可能是斷章取義。

面對馬凱猖狂的「港獨」行為，國家能無所表示嗎？

三個事件之所以被扯到一起，是以言論自由為軸，但這個基礎是脆弱的：馬凱事件跟新聞自由無關，馬建事件跟表達自由無關，「巴丟草」展覽如何被取消不清不楚，藝術自由受威脅也就難以成立。但三件事放到一起，背後是否有什麼外國背景，就很難說了。

同樣難說的是，三個由外國人跟外籍華人在香港搞有關中國政府的事情，有意無意間，香港特區政府被說成是「傀儡政府」，因為「兩馬一巴」事件都被認為跟國家有關。馬凱事件肯定是觸碰了國家安全的紅線，中央對此有所表示，不足為奇。如果中央無所表示，只有兩種可能：一是中央政府軟弱無能，二是特區政府做得很好，毋須中央政府有任何表示。第一個可能，證明不存在；第二個可能，則有很多蛛絲馬跡，二十三條立法問題支支吾吾，香港屢屢發生「港獨」行動而特區政府的動作遲緩。

「港獨」邪乎，毋庸置疑。特區政府不夠「正」，而國家安全不能被蠶食。如果中央政府對香港仍然放任自流，誰來保障國家安全？雖然如此，什麼事情都把賬算到中央的頭上，也是言過其實，只怕是有人魚目混珠，將無關的事情嫁禍於中央；又或者出於誤會，別有用心的人將誤會擴大而成「事件」。無論何其滑稽，也有人照單全收，香港之不幸矣。

香港獨立關稅地位亮黃燈，貫徹「一國兩制」化解危機

邵盧善

美國國會「美中經濟與安全審議委員會」發表報告，指稱中央干預香港自由，建議美國商務部重新審視香港獨立關稅地區的地位。一石激起千層浪，引發香港社會重大反響。

美國國會要求官員重審香港政策

香港回歸二十一年，西方國家對香港發展的關注並未稍減，尤其是英美兩國，國會議員經常評論香港「一國兩制」落實情況，不足為怪。不過，各國政府一向低調處理，罕有實質跟進。

這次形勢不同，國會提出了實質建議，要求官員重審是否接受香港作為獨立經濟區的政策，美國國務院也立即回應，呼籲中國政府遵守「一國兩制」的承諾。「針對中國」可能已是美國朝野一致共識，由評論意見轉為實際行動的機率大大提高。香港獨立關稅地位亮起黃燈，中央及香港特區當局，必須及早綢繆，化解黃色預警轉為紅燈的危機。

「一國兩制」的實施，必須取得國際支持

中國確保香港原有制度不變，並不是安撫人心的權宜之計，領導層高瞻遠矚，早已認定，香港維持原有制度，躋身國際都會，才可以持續金融服務業優勢，吸引最新創意科技，對社會主義中國的中、長期發展大有裨益。鄧小平以下的歷代中央領導人，全部多次重申決心不變。

維持香港「一國兩制」成功，其實不僅有賴國人努力，國際認同也相當重要。如果各國都不願意接受香港的獨特性，對香港金融、貿易等方面的安排等同中國，香港外向型的經貿發展空間將受壓縮，減降對國家推動現代化的助力。所以，「一國兩制」的實施，也必須取得國際支持。

中國迅速崛起，遭西方不同程度疑懼

西方國家歡迎兩制下的香港，除了現實上無法阻擋中國恢復行使主權，也有本身的利益考慮，各國可以維持在港經商營利，也可以用香港為基地，開拓內地市場，彼此是雙贏之局。

可是，中國迅速崛起，惹起西方不同程度疑懼，對香港與內地磨合也有所猜忌，各地政府阻撓華人投資當地重要資源及企業的事件接踵發生。最新的一宗，澳洲財長十一月初透露，基於國家安全理由，長江基建投資七百多億港元收購澳洲天然氣公司的項目將被否決。歐澳各國未必有意與美國合謀圍堵中國，可是，中美貿易戰火陰霾，香港作為獨立經濟體的空間大受壓縮，國際金融中心的地位亦受影響，

特區當局不能輕視。

若香港大佬還在世，他們會怎樣解說香港

綜觀香港各界反應，有些自信爆棚、強硬反擊外國壓力；有些立場模糊，忽略了皮之不存，毛將焉附？聞戰鼓而思良將，大家不禁懷念幾位逝去的香港大佬智慧。經歷中英談判風浪的一代政、商、文化、學術界大佬：鍾士元、查良鏞、高錕等，如果他們健在，將如何為香港的獨特地位解說？

筆者不才，猜想幾位智者可能會有下述説辭：

高錕：「我前半生在最包容的美國學習了處世態度，在科技最尖端的美國研產光纖，下半生選擇回到第二故鄉香港從事教育，培育青年承先啟後，栽培了大批有獨立思考的新生代，足跡遍國際，香港的創新能力，將繼續貢獻全球。」

查良鏞：「香港不少劍橋校友，很多香港人兼有內地大學與劍橋的學位，香港是世上獨一無二的東西文化薈萃城市。香港資訊自由流通程度也是世界尖峰的。至於『國家安全』這個範疇，目前沒有明文法規依循，處理起來有不同意見可以理解。希望日後社會在立法規時有共識，消除不必要的紛爭。不過，整體來説，香港新聞自由程度極高，香港領導人不像特朗普與蔡英文那般，視新聞界為敵，指摘負面報道是假新聞。」

鍾士元：「香港勞工適應能力很強，香港企業效率極高，法例簡明金融方便，是外資理想落腳點，進入大陸內地最佳踏腳石。香港高等教育不僅為本地培育人才，也為東南亞、世界各地培育人才，我當年致力創辦的香港科技大學，就為全球孕育了千百高級管理人才。香港將會繼續發揮獨特角色，貢獻全球社會。」

香港如何化解喪失獨立關税區地位的危機

面對嚴峻外在形勢，香港社會必須師效前賢以小事大的故智，學習圓融務實，「爭取香港利益、顧全國家大局、發展國際關係」。

美國總統特朗普作風飄忽，難以捉摸他是否附和國會建議，重審「香港關係法」，不過，謀事在人，香港社會當須自強，擺脱內耗，共同促進作為獨立經濟體在國際上的競爭力以及可利用價值，爭取國際認同，化解喪失獨立關税區地位的危機。

如何解釋香港泛民在九龍西補選中的「兩連敗」

劉瀾昌

因為兩名泛民立法會議員被DQ，繼而產生了立法會九龍西補選。泛民的總策略是分開兩次選，藉該區基本盤泛民大於建制的優勢奪回兩席，可是事與願違，結果「兩連敗」。相信，這一結果無人想得到，下至本港各種政治勢力，上至中央涉港智囊皆跌眼鏡。自然，有了「三一一」鄭泳舜險勝姚松炎，「一一二五」泛民兩個候選人相爭，陳凱欣的贏面大了很多。然而，還有想不到的是，陳凱欣得票大於李卓人加馮檢基之和。於是，將李卓人的敗選歸咎於馮檢基「冧票」便不成立。那麼如何解釋「兩連敗」，自然是多種原因的綜合，筆者倒想提供另一個視角：泛民的急速異化。

在選民心中，民進黨不過是謀私利的政黨

所謂異化，就是民主者不民主了，民主回歸的初心失卻了。急速異化的概念，首先來自台灣民進黨。在「一一二五」補選前的台灣「九合一」選舉，筆者也在台灣。自一九九六年台灣「寧靜的革命」以來，每一次選舉筆者都有觀選，沒有一次落下，最震撼的是「兩顆子彈」，其次是二零零零年阿扁當選，而

這次的「韓流」突襲震撼度雖排第三，但是思考度則最為深刻。

綠色大本營竟然被藍二代、軍人出身的韓國瑜，只帶着一瓶礦泉水和一碗滷肉飯「反轉」了。選前最後一次造勢大會，筆者雖然看到千千萬萬個青年男女選民求變的熾熱眼神，可還是判斷韓國瑜高票落選，因為四年前民進黨大佬陳菊連任贏五十四萬票，這次繼任者陳其邁造勢場子也有二十萬人，比韓國瑜的還多五萬。然而，開票結果，韓國瑜一路領先，最後大勝十五萬票。韓國瑜還一人救全黨，幫助國民黨共取十五個縣市，「綠地變藍天」。

對此，各種評論鋪天蓋地，筆者倒是感受到偶然裏的必然性，蔡英文政權兩年內便急速被「反轉」，是民進黨急速異化為一個貪戀權位的既得利益集團的充分表現。韓國瑜指綠色二十年的高雄市「又老又窮」。陳其邁則反指他沒有改變的良方，要選民再給他機會，但是民意的主流不相信。網上的流言，陳菊北上當官還拉上一幫親信，而她經營多年給高雄留下的近三千億台幣債務，不知當中多少是否肥了自己人。

蔡英文執政兩年，最惹人批評的是年金改革。筆者一直百思不得其解的是，世界上通行的原則都是「舊人舊制度，新人新辦法」，不要對社會的基本面傷害太大，但是蔡政府反其道而行之。

這次觀選才明白，民進黨的高層策略，是置國民黨於死地。砍「軍公教」的年金，砍的是藍營的基礎，加上以正義轉型之名，追繳國民黨的黨產，刀刀見血。為的只是民進黨的利益集團長期執政，坐享公共資源。於是，韓國瑜之前的一個小小的管菜商的總經理職位也要換自己人坐，結果則造就了自己的掘墓人。在選民心目中，民進黨也不過是謀私利的政黨。

如果泛民全力支持馮檢基，拿回一席的機會大

回到香港九西「兩連敗」，筆者看泛民陣營的檢討，什麼說法都有，但是真正觸及「初選機制」被破壞的並不多。香港泛民的碎片化在二零一六立法會選舉已經暴露無遺。二零一八年「三一一」補選，當時還在民協的馮檢基主動提出初選機制，以協調各路候選人選出唯一候選人出戰，並且定出 PLAN B 及 PLAN C 順序接替方法。其實，這不但是唯一可以凝聚整個非建制派的模式，而且這是最符合民主精神的機制。台灣的民進黨派系林立，二十多年的選戰也是靠「初選機制」凝聚力量。

這次訪台，親眼看到初選敗於陳其邁的管碧玲如何賣力為陳助選。但是，九西「三一一」的初選機制，竟然被也不是傳統泛民的朱凱廸出頭破壞，以各種壓力逼馮檢基放棄 PLAN B 的身份。到了「一一二五」選舉，馮檢基再次提出以「初選機制」推出泛民的候選人，但是不但不被接受，反而惡毒的指馮檢基不是泛民，更甚者採取各種「抹紅」的爛招，非要將其掃出泛民陣營。並且，莫名其妙的指定在九西沒有任何基礎，同樣是上了年紀的李卓人出選。

事實上，馮檢基在深水埗為基層居民謀利益之時，朱凱廸之流還穿開襠褲。馮檢基這次孤身一人奮戰，之前民協的老友也顧忌二零一八年的區議會選舉與他割席，他依然拿到一萬兩千五百零九票，這說明他植根九西四十年，為船民上岸、舊區重建、原區安置等等利民工作仍被選民記住。筆者相信，如果

泛民全力支持他，則可比李卓人更加易凝聚非建制選民，反而拿回一席的機會大。

不過，這個馬後炮也是無用之說。筆者認為，九西「兩連敗」，泛民最痛的不是兩個席位丟失，也是民主的「初選機制」被拋棄。丟失容易，重建難，或許這正是其民主異化的宿命。

香港泛民的異化，若然僅以九西補選為例證明，也許還嫌單薄。還有一個事例是：反對「明日大嶼」計劃。如所周知，「地產霸權」的概念，最早出自泛民且獲得多數市民認同。但是，今日的「明日大嶼」，明明是解決香港基層市民置業難的一條途徑，李卓人在這次競選中竟然激烈反對。這是什麼邏輯？難道他投向了既得利益集團懷抱？如此，深水埗的劏房戶怎麼會投票給你。

如今，司徒華等人的「民主回歸」的初心在哪裏？好端端的民主派不敢高聲與「港獨」切割，難道不是異化了嗎？

既沒道德也無實力，泛民拿什麼贏得人心？

潘麗瓊

台灣的「九合一」選舉和香港九龍西立法會議員補選，接力舉行。台灣民進黨及香港民主派繼續玩悲情，全部敗陣，敗給講民生的政治新丁，訊息非常清楚：人民已經厭倦了無休止的政治鬥爭。再靠打打鬧鬧的小學雞手段，霸着議席混飯吃時代已經過去。百姓生活艱難，你快好好交出政績，否則給我滾！

近年來，無論港、台，各種社會運動，年輕一代被一股激情和恐懼推動着，彷彿瘋狂了。由動不動佔據、衝擊立法會，宣誓玩嘢玩出火……如今市民終於清醒過來，一看才發現民主鬥士如此不濟。我看李卓人，起碼有三點不能接受。

（一）打茅波：星期日拉票時，李卓人兩度和陳凱欣團隊狹路相逢，他當場狙擊，令陳凱欣無法接觸選民，被逼上車離去，甚至有陳團隊的人被弄傷眼睛。然後，李卓人又被懷疑在禁止拉票範圍內拉票。

（二）不反省：李卓人敗選宣言，仍然高舉「不想香港變成另一個大陸城市」。他落伍了，香港過去二十年嚴重落後，再不急起直追，恐怕連大陸城市都不如，販賣恐懼如狼來了，再濫用便不靈光。市民要你正經做實事。

（三）沒風度：當陳凱欣高票當選時，馮檢基主動和她握手，李卓人卻一臉不屑，眼尾也不望她一下，要陳凱欣主動和他握手。李卓人縱橫政壇三十年，為何最後一戰，表現得毫無風度？看一個人的品格，不在勝利而在落敗之時。當議席和光環都失去了，剩下是你的人品。

民主派要贏天下、得人心，靠的是道德感召力，如果沒道德又沒實力，不過是惡霸和政棍而已。

香港人追捧的西方式民主利民了嗎？

屈穎妍

從小我們就被灌輸：民主有多好，西方民主制度有多完美……我們從不質疑，也不認為值得質疑。

今天，我仍相信民主是好東西，只是人大了、看多了、經歷多了，就會學懂反思：民主，真的只有西方那一套嗎？那套真的百利而無一害嗎？

剛通車的一條中環灣仔繞道，讓我陷入一個迷思：西方式民主，真的能利民嗎？

記憶中，我成長的年代，「中環灣仔繞道」六個字，就一直斷斷續續在港人生命中出現。保護海港、填海官司、清拆天星碼頭、死守皇后碼頭、連串的司法覆核……原來已令這條只有短短四點五公里和五分鐘車程的繞道，足足虛耗了三十年光陰。

由於港島中區主要幹道經常塞車，政府早於八十年代便提出興建繞道構思，並於一九九三年啟動第一期工程，當時預計造價八十億港元。二零零三年，「保護海港協會」以「繞道填海面積過大」，認為工程違反《保護海港條例》，向法院提司法覆核。結果政府敗訴，第二期填海工程被迫擱置，之後更引發一連串司法覆核，在此不多贅了。

二零零七年，政府為配合填海需要，決定清拆殖民地建築——中區皇后碼頭，以朱凱廸為首的保育人士即在碼頭絕食抗爭，之後的糾紛及阻力，大家應記憶猶新。

由填海爭議到司法覆核再到群眾運動，令工程足足停滯十多年，至二零零九年底才再次動工。物換星移，此時的工程預算已由最初的八十億大幅增至二百八十一億。

十年後的今天，路終於通了，工程一波N折，我們不僅虛耗了三十年，而完工時造價更高達三百六十億。

其實，在繞道開通兩星期前，中國也有條高速公路剛通車，名字叫「雅康高速」。這段全程一百三十五公里、屬川藏公路中雅安至康定段的公路，是全國施工難度最大的高速路段之一，被譽為築路界的「珠峰」。

雅康高速由四川盆地走向青藏高原，想想那地勢已讓人咋舌。沿途有一百二十九座橋，四十四條隧道；當中一個隧道口處於海拔兩千米的懸崖，一段九公里山路更有二十四個髮夾彎……如此浩瀚艱巨的工程，連開山劈石鑿隧道，僅僅用了五年時間，總投資二百三十億人民幣。

如果用五年時間，二百三十億元建一條車程三小時的險道，是民主集中制的中國速度；那麼，拖了三十年、花了三百六十億才建成五分鐘車程的填海繞道，應該就是香港人追捧的西方民主速度吧！誰利民？誰虛耗？不言而喻了吧？

「旺暴」主要涉案人員通通脱罪，親眼所見的血流滿面成了「幻覺」

屈穎妍

編按：經過七十五天的審訊，二零一九年三月二十二日，香港高等法院裁定梁天琦和其餘兩名被告在砵蘭街參與暴動罪名不成立，另一被告容偉業兩項暴動罪和一項襲警罪成，即時還押。

我記得很深刻，那夜凌晨，大家都睡不着，電視機由晚上九點開到夜半，全香港市民見證一場暴動——旺角暴動。

我跟一班警察朋友在 WhatsApp 群組裏一直交流，義憤填膺，交通警察開槍那一幕，也是在直播新聞台親眼見證的。陸陸續續，有的人去睡了，我和一位退休警司是群組裏留守至最晚的人，看直播看到午夜四點，痛心疾首，睡吧，冇眼睇了！

翌晨起來，又趕忙開電視，看到特首宣布：這是一場暴亂。

親眼目睹，加上官方認證，用「暴亂」二字來定性，沒錯了吧？然後，峰迴路轉，三年後，法官告訴我們，這不是暴動。

如果，這不是暴動，請告訴我，怎樣才算暴動？那夜我看的又是什麼？

也許，那是一場街頭奧運，人家擲鐵餅推鉛球，他們掟地磚推鐵馬，還有街頭短跑、馬路中心跨欄……暴動？你看錯了，幻覺嚟啫。

又或者，其實他們在拍戲，磚來磚往，血流披面，臨記盡出，都是為了戲劇效果。暴動？幻覺嚟啫。

這天，梁天琦等人被控的旺角暴動罪罪名不成立，朋友說，應景啊，反正香港已變了樣，醫生食大麻、教授殺老婆，唔爭再多一項，法治衰亡。

四個被告，尤其那夜拿着大聲公指點江山的梁天琦，通通脱罪，惟有一個自稱智力有問題、外號「美國隊長」的容偉業中了兩條暴動及襲警罪，即時入獄。由一個智障去孭上所有黑鑊，這個故事教訓大家，做賊就要做賊王，作惡就要做最惡。

忽然覺得，此案是一個社會道德的分水嶺，這天之後，我們再不懂分辨黑白、分辨對錯、分清是非，幾百萬對眼睛看到的事實，法官告訴你那是幻覺，那為什麼，朱警司那空中揮舞的幾棍不是幻覺？

殺人放火金腰帶，修橋補路無屍骸。警察朋友都洩氣地說：「解散 PTU 喇，還學什麼防暴術？反正在香港放火、掟磚、打爆警察頭都不算暴動！」

別被我言中，下次騷亂，執法者必定袖手旁觀。

修訂《逃犯條例》：從「紅色」到「可能」的解讀

江迅

最近我對紅色常有一些感慨。

二零一九年六月一日，台灣總統府前面的凱達格蘭大道，高雄市長韓國瑜為總統選舉造勢，號稱三十萬人冒雨出席，「韓國瑜凍蒜」的歡呼聲響徹黑雲，韓粉身穿紅衫，宛如一片紅海淹沒凱道。六月八日，在總人口三十三萬的花蓮市繼續下一場造勢，創造出超過十萬人紅潮的「後山奇跡」。

六月二日，在主教練克洛普率領下，利物浦取得隊史第六個歐聯冠軍寶座，經十四年等待，攜同歐聯獎盃返回利物浦市，一場勝利大巡遊，七十五萬名身穿紅衣的利物浦「紅軍」球迷走上街助興，全城一片狂歡「紅海」。

紅衫紅潮，紅軍紅海。紅色，是可見光譜中長波末端的顏色，波長約為六百二十五到七百四十納米，是光的三原色和心理原色之一。紅色意味着吉祥、喜慶、熱烈、激情、革命。在動物王國，紅色常代表性趣和能力。在影視劇裏，要表現一個女性妖嬈，就會讓她穿上一身紅色。不少研究發現，穿紅色衣服的侍女，往往可以從男性顧客那裏得到更多小費；穿紅色T恤也可提升女性旅行者搭到便車的機率。

香港電影《姨媽的後現代生活》裏，斯琴高娃飾演的姨媽，與周潤發飾演的相好，約會時拿出她壓箱底的「戰衣」，那件紅色手工針織泳衣，入水後竟然褪色，還以為來了例假。穿紅衣的功效真有如神助？難怪有心理學家說，「人類對紅色的認知是在許多重要的事件和體驗中逐步進化的。紅色代表成熟的水果、憤怒的臉龐、挑逗的異性。」

在香港，有紅色郵筒、紅色假期、紅色小巴、紅色帆船……但我不明白，香港人為什麼對紅色總是有一種恐懼感。六月五日，身穿黑衣的近千名法律界人士，由中環終審法院靜默遊行到政府總部，抗議政府修訂《逃犯條例》，抗議中共紅色恐怖。記得二零一二年八月，香港反對國民教育團體數十名成員，以紅色紗布蒙着眼睛遊行，寓意學生拒絕被染紅洗腦的國民教育蒙蔽。

為什麼稱「紅色恐怖」？為什麼用紅紗布蒙眼？香港一些政客總會似是而非地提出一些看法誘導港人，其中手法之一便是濫用「可能」（下文出現的「可能」所用的引號，由筆者所加），令紅色成為一種恐怖顏色。讀六月四日某報A9版的廣告，署名「一群香港人」，廣告文字稱：「毋忘六四三十週年。《逃犯條例》修訂一旦通過，這次『可能』是你最後一次公開悼念六四。六月九日站出來」。毫無事實依據，只需加上「可能」，就什麼判斷都可以作出了。按此邏輯，我是不是可以說，這是「一群『可能』殺過人的香港人」呢？

讀六月八日某報A12版，報道稱在觀塘和樂邨公眾地方有人張貼反對《逃犯條例》修訂的海報，宣稱如果修訂通過，外資「可能」會撤走，多國正考慮取消對香港的免簽證，旅行濕滯，日本「可能」取消免簽證。問日本駐港總領事館的一位領事是否有這「可能」，他回應說「從未聽說有這『可能』」。

香港某家網絡媒體六月八日稱，六月七日中午，「中大反送中關注組」及「香港大學反送中關注組」帶備宣傳單張及旗幟到港鐵中環站外開設街站，向途人講解反修例理由。中大關注組成員羅同學說，關注組擔心這次「可能」是香港最後一次大型遊行示威，「所謂兩邊（指內地與香港）都有的法例才會動用這條條例，那麼如果香港修訂了一條顛覆國家罪名，香港審完，在香港不入罪，帶你上大陸再審，審至入罪為止，屆時舉辦遊行也『可能』犯法，今次『可能』是最後一次遊行而不會被拘捕。」羅同學呼籲香港人站出來，出席今次遊行反修例。這裏，他多次用的是「可能」。

香港另一家網絡媒體那篇《「逃犯條例」塗上的紅色敏感帶》稱，「七月一旦通過《逃犯條例》，香港『可能』重回一九七四年 ICAC 成立那樣『一夜變天』，富豪連夜倉惶離港，過客如文人、外國政客不願入境……香港往後『可能』變成政治的紅色敏感地帶，過客也要止步」。

「可能變成紅色敏感地帶」。可見，所有的揣測、估量，所有的推度、臆想，都是以絲毫沒有根據的「可能」為前提的。幾十年了，我都習慣穿黑衣黑褲，看到那天千名法律界人士「黑衣」靜默遊行，抗議中共「紅色」恐怖。不是說香港法律界人士不會為政治選邊站的嗎？「可能」是因為他們都被黑色浸淫。黑色，渲染死亡和恐怖氣氛，代表隱蔽、邪惡，是哀悼的顏色。我在想，以後我的衣服顏色，也「可能」換換顏色，由黑變紅。

鬆緊無度的香港法治，只會害了學校教育

何漢權

思索香港近代故事，必須從與香港息息相關的三個條約説起，一八四二年的《南京條約》，一八六零年的《中英北京條約》以及一八九八年的《展拓香港界址專條》，站在平等互利的角度看，是條條都不平等了。

有法可循，是香港的優勢

吊詭的是，由此而發展的英殖管治年代，西方英人的法律，卻可以滲入香港貴冑官宦及尋常百家的生活裏。直至一九九七年回歸後，香港仍然是法治當道。從整個東亞社會而言，香港的法治標準堪稱前列，並由此衍生了法律保障與申張，國際干預罕見，倒是讚賞極多。有法可循，使得香港成為金融、旅遊、服務等行業的中心，東方之珠的美麗之處就是法治。

猶記臨近一九九七年之前，民政署轄下公民教育委員會要編寫校規與人權教育教材。筆者緣以中學教師身份，加入編寫工作小組，因屬法律外行，自當要請教組內的大律師及在大學任教法律的講師意見。

老生的一個問題是：校內校規與校外的法律有矛盾衝突的時候，怎樣處理？學校不准抽煙，不准粗言穢語。但，校外抽煙，講髒話，這些行為只要不干擾他人的話，並不違法，這怎麼辦？

記得那時候，組內的法律學者向筆者說，法律是保障社會集體行為較低的規範線，彼此都不能衝線的，就當審判，當治罪。更深刻的幾句話，那就是「法律是不會完美的，當現行法律未作修訂時，惡法都是法，任何人士必須要守法」。

作為教育工作者，筆者想指出，校規制定，自有更高的規範，更高的行為標準要持守。立己亦要立人，而實踐校規最好的方法，就是學校的各個持份者，都能以身作則，互相尊重及欣賞，共建融洽有序的校園文化。這比天天在校園內各自標榜人權好得多。一九九七年香港回歸，行的是前所未有的「一國兩制」，矛盾隱藏，未有前設經驗化解。

非法佔中的學生頭目入學耶魯

二零一四年七十九日的非法「佔中」出現，旺角、金鐘、銅鑼灣被寫在了香港歷史上危情亂序的一頁，一不離二，二不離三。再側寫關於法治一事，據新聞報道，於二零一四年間，曾領導並參與非法「佔中」的學生頭面人物，曾被判有罪入獄。但竟在其大學本科要念六年畢業，畢業成績毫不亮麗的條件下，獲美國頂尖的耶魯大學碩士取錄，羨煞眾多香港頂尖成績的學生，人是有感情的動物，相信該生碩士畢業之日，就是感恩推薦當年入學者，報效耶魯，報效美國之時。

旺角暴動，流血傷人

二零一六年旺角磚頭暴動之夜，流血傷人，火光處處，無人死亡，天佑香港。從法治角度看，這確實是令社會不安，秩序大亂的暴動。不知緣何，明明是當晚主導的幾位前鋒，最後卻被判無罪，香港行的是著重案例的「海洋法」，此一判決，對香港社會的法治維持及學生對校規的尊重，是更好抑或更壞？大家心裏有數。

返回英殖年代的近一百五十多年，香港可以成為法治中心，沒有受到如二零一二，二零一四及二零一六年的違法破壞，原因複雜，有待學者全面研究，得出結論。但愚見認為，挾着西方價值而來的英國，在香港管治期間，並無受到任何來自西方，特別是美國的點指兵兵，這是主因之一。

政治立場掛帥，可以令學生陷入險情

特區政府今天因着港人在台灣謀殺女友，因而要修訂《逃犯條例》，免得香港繼續成為跨境犯罪分子的藏匿天堂。但卻受到各方的阻截，反對最大力的，就是美國！時光若然倒流，這種情況，在英治的香港政府會受到這般對待嗎？

從學校生命教育角度，打擊犯罪人人有責的原則看，修訂《逃犯條例》不是要盡快並全面進行嗎？健全法治的社會，只能頸痛醫頸，腳痛醫腳嗎？香港法治若是硬要走向鬆緊無度，政治立場掛帥之路，香港學校又會再次陷入無秩序無倫理的險情！

香港拒絕歷史記憶的斷層

邱立本

如果沒有香港，中國近代史就不會有那些波瀾壯闊的歷程。很多人不知道，推翻滿清的力量，策源地就是香港的中環。與孫文共同革命的香港人楊衢雲就在中環的結志街被清廷派出的殺手行刺而死，喚醒了前仆後繼的革命志士。香港電影《十月圍城》年前拍出這一段，由張學友飾演楊衢雲，入木三分，讓港人為之動容。

一九二五年的省港大罷工，從廣州到香港，是兩地的工人階級聯合起來，反對英國帝國主義對中國的蹂躪。在英國殖民政府的統治下，數以十萬計的香港工人參與，不計個人利害，奮起拯救民族的氣節，終於讓英國殖民政府當局讓步，贏取艱苦的勝利。

在七七事變之後，在日軍準備大舉入侵香港的前夕，香港的著名中學拔萃男書院（DBS）的學生組織籌款隊伍，在街頭為人擦皮鞋募款，掀起香港人參與中華民族抗戰的熱潮。今天的香港中學生，可能對此聞所未聞。這都因為歷史記憶的斷層，香港的歷史，沒有和中國的歷史連接起來。

一九四一年，在日軍攻陷香港之後，香港人參與的東江游擊隊拯救了不少英軍，也參與救援被日軍擊落的美國戰機飛行員。今天香港的新一代對此完全沒有歷史的記憶，也不知道原來香港人在抗戰中扮演了如此獨特的角色。

從一九四九到文革，香港成為保存中華文化之地。錢穆、唐君毅、牟宗三等人所建立的新亞書院就在深水埗桂林街的破舊唐樓裏，弦歌不絕，花果飄零，為中華文化留下了命脈，也建立了超越政權與政黨的文化「道統」，對政治的「政統」加以制衡。新亞書院後來發展成為香港中文大學，但今天中文大學的學生會卻公開支持「港獨」，背叛了建校先賢的理念，情何以堪。

事實上，二戰後到今天，香港社會都還是維持多元化的政治光譜，左中右並存，但也都有強烈的中國人的認同，從中文合法化運動、反貪官葛柏到保釣運動，都是高舉中國人的旗幟，超越黨派的表現。一九九六年，保釣領袖陳毓祥在釣島海域遇溺死亡，兩岸駐香港的人員聯袂參加公祭，衝破兩岸政權之爭，展現中國人的情懷。

但歷史的記憶消逝，就會衝擊香港的國家認同。近年一些別有用心的勢力以民主之名，在香港推動「港獨」路線，利用某些年輕人的「史盲」，倡言分離主義，反共變成反華，也違反了香港的主流民意。

因為香港的主流民意就是堅持這個島嶼的獨特角色，參與推動中華民族的進步，不再受列強所擺佈，是自強不息，勿忘香港人對現代中國的貢獻。

因而香港人須重新認識中國歷史，了解香港在中國歷史長河中的位置，讓新一代理解今日香港的源頭，重現那些看似飄逝的歷史場景，找回香港人在中國歷史的座標。

「佔中」判案診斷書：香港法治潰爛

屈穎妍

「緩刑」二字，常在報章法庭版出現，在一般市民的認知中，「緩刑」即是不用坐牢。「佔中」發起人朱耀明判囚十六個月，緩刑兩年；李永達和鍾耀華判囚八個月，緩刑兩年。於是，他們可以昂然踏出法庭，又再高呼無怨無悔。

然而，「緩刑」的意義其實是這樣的：先暫緩監禁，如果緩刑期間再犯任何罪行，檢察官會向法院申請撤銷緩刑，被告就要返回監獄。所以，「緩刑」是希望罪犯以良好的行為向社會證明他願意更生改過。

即是說，以上三個「佔中」犯，只要兩年內犯法，「緩刑」令就會被撤銷，他們通通要進監房服刑。兩年太久，政客只會爭朝夕。於是，他們一天都等不了，就在步出法庭那夜，齊齊坐在荔枝角羈留所門外，參與聲援入獄夥伴的非法集會。

這集會有圖有片有人證有物證，朱耀明、李永達已在眾目睽睽下違反緩刑守則犯了法，執法者應該行動、檢察官應該出手、法庭應該彰顯法治，否則，「緩刑」的意義，就形同虛設、等同放生，失去警誡作用。

愈來愈覺得，「佔中」就像一帖中藥，吞下苦澀，卻讓社會浮現出一切病徵，人心出問題、教育出問題、傳媒出問題、法治出問題、官僚系統出問題……表面風光，其實內裏早已五癆七傷。而「佔中」

九犯的判案，浮出的病況是法治潰爛。

我沒念過法律，我不懂法律，我跟普通市民一樣，認為法律可以讓「天子犯法與庶民同罪」，讓「法律面前人人平等」，於是無怨無悔地相信它。

然而，這次判罪，卻顛覆了我們對法治的幻想。執法者犯法就叫「知法犯法罪加一等」，講師議員犯法就是「服務社會情有可原」。牧師犯法不會與庶民同罪，學生無悔意一樣可以放虎歸山。

最潰壞的還有法援系統，一場「佔中」官司讓大家看清政府部門的尸位素餐。「佔中」九犯之中，黃浩銘、張秀賢、鍾耀華三人都是申請法援打官司的。法援用的是公帑，理應由政府委派律師，不是你想找誰就找誰。

然而，今次代表黃浩銘的是資深大律師駱應淦，代表鍾耀華的是大律師公會主席、資深大狀戴啟思，代表張秀賢的是擅長人權法的資深大律師潘熙。識看就知粒粒巨星陣容鼎盛，不識看也對那些鼎鼎大名絕不陌生。

資深大狀每堂聆訊最低消費大約四十萬至五十萬港元，還未計法律團隊及文書處理等雜項費用，本案審訊歷時十八天，過千萬訟費是走不掉的。三個社會破壞者為什麼可以拿法援、用公帑、聘星級大狀、打「佔中」官司，法援署長是不是該解釋一下？審計署長是否該徹查一下？

一場大龍鳳鬧完了，你以為發起人要為「佔中」埋單？非也，其實最後掏腰包的，又是我們小市民自己。肉隨砧板的香港人，諷刺吧？可悲吧？

第五章

前車為鑑　放下偏見

「五十年不變」，連香港錯的歷史教科書也不能變嗎？

屈穎妍

回歸以來，香港人講得最多的大概是這句話：「五十年不變」。

它像一道靈符，大家重複講了二十一年，結果，香港真的不變了，不肯變、不敢變，即使旁邊的世界在變，譬如一河之隔的深圳，已由一個人口疏落小漁村，發展成全國科技中心，二零一七年 GDP 更超越了香港。

「五十年不變」的潛台詞，其實是說，你等等我，五十年後我們應能追上來。《中英聯合聲明》草簽是三十四年前，當時國家與香港在經濟上、文化上仍有落差，故鄧小平想出「五十年不變」構思，就是預料五十年後大家步伐會接近。沒料到，國家一日千里，不用五十年就已追上你、甚至超越你。

原來，鄧小平對香港的態度重點不在「五十年不變」，而在另一句話，中國國防大學金一南教授在一次演講中如此點破：

「小平同志說，香港問題，就是一句話：『一點都軟不得』，一切拿回來再說。所以拿回來，一定要再說！問題是，小平同志一九九七年二月去世，香港一九九七年七月回歸，從此，我們就沒再說，一切原封不動到今天。」

「香港回歸二十年，政治生態惡化過一九九七回歸時，為什麼？就是因為只追求穩定。不改變，根本穩定不了。」

「進攻是最好的防禦，所以必須進攻，在香港的進攻，就是進行去殖民化。譬如修改教材，由國家編訂教材，從小學生開始教，哪個國家不進行國民教育？如果這是洗腦的話，所有國家都在洗，一個國家的公民，連國體、國徽、國旗、國歌、憲法都不知道，這叫公民嗎？」

金教授是解放軍少將，他用戰略思維去剖析今日香港的敗相，就是因為二十年來我們從來沒進攻，從來沒主動出擊，把一條一條殖民地的根拔起，反而不變地繼續澆水施肥，根更深蒂更固，甚至深入社會每個階層。

這幾天，反對派拿教育局的歷史教科書的評審報告大做文章，局長苦口婆心解釋，我覺得，大家應該理直氣壯問句：改幾個字有何不可？整套教材撤換都仲得！

事緣教育局在一年一度評審教科書時，對歷史課本中一些字眼，如「一九四九年中共建國，大量內地人移居香港」、「中國堅持收回香港主權」、「中港關係」等，評為「措辭不恰當」。於是反對派又拔劍而起，說什麼「教科書政治審查」、「教育政策屬香港自治範圍」……

我想問，一代孩子的歷史教材，該由誰說了算？是書商？是編者？還是國家教育部？一國之下，所有學生受的歷史教育本應一樣，內地與香港是兩套不同教材已經夠荒謬，現在連更正一下書商錯處也無權？

進攻吧，教育是一個不能失的缺口，香港人心未回歸，皆因殖民地的老根仍深種。

在中國，香港的「老師」地位是否已失去？

雷鼎鳴

二十四位香港的中國科學院及工程院院士二零一七年致信國家主席習近平，得到他積極回應。以後香港的科研人員可直接申請國家的研究經費，錢可以過境在港使用，港人也可承擔中國內地的科研任務。香港學術界中人絕大部分都歡迎此新政策，但我認為他們可能仍未足夠體會其重要性。

從八十年代到近期，中國經濟增長的源泉相當部分來自其改革開放政策，自由貿易帶來的國際競爭逼使各企業千方百計改善自己的效率，在這過程中，香港到內地開廠的企業家扮演了先行者角色，沒有他們，中國的企業不會學得這麼快，自由貿易帶來的好處也沒有這麼順利地被體現出來。在當年，香港是「老師」。

在今天，開放與自由貿易的優點依然存在，但創新科技已悄悄地成為經濟增長新的強大動力。近年中國創新科技發展成績斐然，但香港的貢獻卻變得似有若無。香港的「老師」地位是否已失去？

香港的「老師」身份確曾被有識之士所重視。我有位經濟學家朋友叫羅默（Paul Romer），他來頭甚大，是有力問鼎諾貝爾獎的經濟增長理論家，曾任世界銀行資深副行長。近十多年來，他致力推動「特許城市」（Charter City）的概念。此種城市的特徵是有其市民自行訂定的憲章，法律與其他城市不一定相同。羅默提此概念是因為他眼見很多窮國雖收到不少國際組織的經濟援助，但總是難以解決貧困，故此他希望從窮國中撥出一塊地，實行完全不同的制度，若成功，其經驗可輻射出去。

二零零七年，羅默曾考慮長期來港工作。他對香港感興趣，是因為他認為香港在中國發展的過程中正是扮演着「特許城市」的角色，其影響力深深地改變中國發展的軌跡。不過，他的這種觀點其實與鄧小平設立經濟特區的思維相同，羅默很快便從中國最成功的經濟特區——深圳——吸收到靈感，曾寫下一些文章總結深圳模式的成功經驗。

羅默相信香港有當老師的能力，但也許近年深圳留給他的印象更加深刻，雖則如此，我們也不宜妄自菲薄，不但要檢討香港短板之處，亦要知道自身的優點。香港有自由貿易的制度，市民人身自由有充分保障，公務員的效率也算不錯，但在科技發展上為何未能達到深圳的成功地步，以致有可能從老師變成學生？

就以自然科學為例，權威刊物《自然》雜誌每年總會編訂一份「自然指數」報告，把世界各研究機構與大學在當世最頂尖的六十八份自然科學學報上所刊登的論文數量作一比較。在這些頂尖刊物出文章最多的是中國科學院，第二名是哈佛大學，麻省理工排第六。二零一六年，清華排十三，香港排名最高的是科技大學，排一百二十九。不過，麻省理工論文篇數雖是科大的五點五倍，每年開支卻是科大的十一倍。清華的篇數是科大的三點六倍，每年開支卻是十四倍。

由此已可顯示出香港的優缺點。香港從事基礎研究的效率是世界級的，資源投入極少，但產出卻比別人多。不過，香港的科研規模不夠大，八間大學加起來的論文比不上麻省理工一所大學，但八校的總開支不但與麻省理工差距巨大，也比不上清華。

為什麼香港的大學科研成本效益這麼高？主要原因是香港落實了十分嚴格的源自北美洲的升級及招聘制度，「publish or perish」（意謂學術研究必須要有正式的著作發表，否則就是毫無成就與貢獻可言），若不能有新成果，便要離開。香港的大學尚未對中國科技發展有根本性的影響，不是這些研究質量不夠，而是香港的科研系統規模太小，經費不足。大幅度地擴大其規模與科研人員的數量，是最順理成章的方法。

科技發展當然不只是實驗室中的基礎研究，與市場結合的應用研究與發展不可或缺，香港在這些方面成績不彰，而大灣區尤其是深圳的能力卻是世界級的，但後者卻又缺乏一流的大學及實驗室的支持。香港的大學若能與大灣區企業結合，產品面向全中國及世界市場，可發揮強大的協同效應。

如此簡單的道理，為何沒有落實？一方面是因為以前中國科技的發展或許尚未到需要倚賴最新的基礎研究成果，但現時這方面的需求應已增加。另一方面，香港本身亦缺乏與內地融合的誘因。香港科研人員只要能在國際刊物發文章，造福人類，便已大功告成，在學校升遷有望，根本不必理會社會及企業的需要，而且香港偏處一隅，本地市場細小，企業家也不願與大學合作搞科研。

也許更合適的方向是這樣：香港的大學一方面多爭取國家的研究基金，以擴大自己科研的規模，海外已有大批優質的華人科學家工程師，香港的大學有成熟的人才篩選制度，有資金的話便可較準確地擇優吸納新血。這些大學可在大灣區多設分校，多了分校便多了實驗室，每一個實驗室都有如一個企業家，實驗室的成果與市場需求結合，便可成新的產業，有如舊金山灣區的情況般。若是高質量實驗室基地夠多，香港的大學可以傳承在珠三角投資的港商過去，以帶動經濟增長，掀起以尖端創新科技為主的經濟第二波增長，香港的年輕人也可找到新的發展機會。

習近平對二十四位院士的回應為這方向開了個頭。不過，八十年代港商到珠三角是當了老師，今天香港的大學在大灣區雖也有扮演老師的機會，但在與企業合作方面，香港卻只是學生。

面對「港獨」不退讓，才能證明香港非軟弱無能

阮紀宏

中美貿易戰剛剛打響，不利消息接踵而來，歐盟高層來華沒有全力支持中國，轉頭到了日本馬上簽協議；美歐達成協議，暫停貿易戰。戰況不斷升溫，在鹿死誰手不明的情況下，卻有國人質疑，為何摒棄鄧小平定下來的韜光養晦策略。是耶非耶，尚待觀之。但這些論調忽略了一個重要的節點：究竟中國改變策略，是內因主觀的變化，還是外因迫使的轉變；同時，韜光養晦與有所作為並非互相排斥的關係。

鄧小平提出韜光養晦的策略，是在特定時間應對特定情況的一種計謀。一九八九年，鄧小平提出處理對外關係的指導方針：「冷靜觀察、穩住陣腳、沉着應付、韜光養晦、善於守拙、決不當頭、有所作為。」

頭三句是面對當時紛亂的局面，有人不冷靜，陣腳有點亂，未能沉着；另外三句是具體的做法，不要鋒芒外露，老實做人甚至要委曲求全、決不當頭，是因為正如鄧小平本人所說：「這個頭我們當不起，自己力量也不夠。」整個指導方針最重要的是最後一句——有所作為。

前面三句話後來很少人說，江澤民在講話中引述的也只是從「韜光養晦」開始的後面四句話，很多

人甚至再簡化為「韜光養晦」一句話。這句話確實精警，被廣為接受的一種解釋是：中國要充分利用和平的時間和環境，埋頭苦幹搞建設。而當西方不斷響起中國威脅論的時候，不言而喻地奉行韜光養晦政策，正好堵住人家的嘴。

美國人是否相信中國真心實意地執行這套對外政策，還要留待歷史學家將來去考證。中國確實迎來了經濟高速發展的空間，美國也從來沒有放棄對中國的監視和遏制，必要時還採取了嚴厲的手段：一九九九年美軍五枚導彈精準地投擲到中國駐南斯拉夫使館，原因是美軍被擊落的先進戰機殘骸被發現藏在中國大使館內，美國怕軍事技術被中國掌握。

美軍近年在南海頻繁挑釁，目的是扼制中國在南海的「軍事擴張」。至於中國申請加入世貿組織，美國作為最後一個談判國，一直沒有讓中國通過；直到「九一一事件」發生，美國出現了一個新的頭號敵人，才突然匆匆達成協議。而今特朗普都宣之於口說後悔當時美國的決定。

韜光養晦的方針，要放在特定的歷史環境來看。美國總統尼克遜一九七二年二月份訪華，毛澤東同年末發出「廣積糧、深挖洞、不稱霸」的指示。當時中國無論軍事實力與經濟實力，都不可能稱霸，「不稱霸」是為了讓美國人放心而說的，是為了廣積糧而韜光養晦。鄧小平一九九二年說韜光養晦，當時中國真的鋒芒可露嗎？無論毛澤東還是鄧小平，以至現今的習近平，相信都是為「有所作為」才韜光養晦的。

中國已經建立了完整的工業體系，幾乎完成了資金積累，需要輸出高附加值的產品與技術，進行經濟結構轉型。對外投資多了，就有了海外資產，政府也悄悄地把「海外利益」列入國家核心利益名單。中國比預期提前成為第二大經濟體，引起美國人的警覺；奧巴馬的「重返亞洲」，是為了限制中國的影響力。中國提出「一帶一路」倡議，是避開美國限制而另闢蹊徑，同樣為美國所洞察。特朗普提出「印太地區」概念，是把對中國的包圍圈擴大。

現在的政府還要講韜光養晦嗎

在這種情況下，重提韜光養晦，是希望我們回到出口三千萬噸山楂片才換回一台小機器的年代嗎？中國目前一半以上的石油進口要通過南海；南海守不住，就要回到隔三差五停電，或者恢復過分依賴煤發電，造成大氣污染和霧霾的年代。「有所作為」是為了衝破中國發展瓶頸而必須做的，當人家在你家門口架起了機關槍阻攔你出去，你還會講韜光養晦嗎？

同理，中央政府對香港的大政方針，提出要行使《基本法》賦予的「全面管治」權力，卻有人認為是放棄了韜光養晦的結果。一九八零年代初，中央政府決定要收回香港主權。當時中國要大力發展經濟，需要和平的國際環境，同時也沒有管理高度發展的城市的經驗和能力，這跟韜光養晦的策略在時間上是吻合的。

一九九七年恢復行使主權，中國仍然要繼續實施韜光養晦的政策，還提出要在內地建幾個香港那樣的城市。而今，各種條件都已經改變，比香港經濟發展還要快和好的城市，已經有好幾個，而且迎頭趕上的陸續有來。

韜光養晦不是軟弱無能的遮醜布

問題還在於香港出現了「港獨」思潮與行動，就好比美國對中國發動貿易戰，中國絕對不能退縮。一旦對美國退讓，「一帶一路」倡議就會在海外國家破產，中國的經濟結構轉型也要推遲好幾十年。如果在「港獨」面前退讓，香港就要失守。韜光養晦不能成為軟弱無能的遮醜布。在當前的歷史環境下提韜光養晦，就是投降路線的代名詞。

豈能憑一時一季的客流論斷香港高鐵的成敗？

李春

中國俗諺說火車一響，黃金萬兩，這亟言着運輸的通達，與一個地方、一個城市的興旺發達，關係至深。香港開通二十餘日的高鐵，當然是現代的火車，開通之後，直接就駛進了中國一年一度的「十一黃金周」。

香港高鐵的十一黃金周客流未能達標

傳統觀念和現實的表現，難免會引來人們算帳，香港高鐵開通，能否拉來黃金萬兩，特別是有這麼一個黃金周。然而帳面數字，不夠理想。二零一八年十一黃金周首日，應是香港高鐵第一個客運小高峰，然而這天客流是七萬八千人，未能達致香港政府預期的每日八萬人次。倒回去看高鐵開通首三日、高鐵開通首周，數字同樣未能達標。

說高鐵客流未能達標，當然是以港府預估的日行八萬客為準。由之而起，是繼高鐵建與不建、建設成本和工程應如何規管、應否實行一地兩檢等爭議之後，又一新的爭議。因為如果客流不能達標，意味着在支付同樣的開支和成本之下，高鐵香港段的直接收益和間接收益，都會受到影響，而一旦收益較差，還需要香港政府加以補貼，則香港高鐵又會受到新的非議。

林鄭月娥：八萬客流非目標而是最佳估算

香港高鐵的財務狀況，仍是個敏感話題，是以香港特首林鄭月娥十月二日立現身解畫，說香港高鐵的八萬人次非目標而是最佳估算，期望能超過該數字。她又主動提到「一地兩檢」，稱其為新事件，旅客和市民需時間適應，又點到西九文化區開放將吸引更多市民和遊客，相信高鐵和西九龍站有巨大前景，不擔心其財政狀況。

林鄭特首的話，講得很有技巧，比如高鐵開放後的客流，與一地兩檢其實關係不大，當然不用扯到一起來談。而西九文化區的開放，本來是香港高鐵客流增加的大利好，她卻未能多講兩句利弊關係。

港高鐵應從策略性定位變身戰略性思考

不過這都不要緊，因為香港高鐵本來就不應以一時一季的客流和財政目標論短長，港府和港鐵，在高鐵開通的急就章之後，本來就可以來個長考。這不是說高鐵要像下圍棋一樣，停下來長久的思考。

而是說高鐵香港段的開工、西九龍站建成和通車，以及其間由預算到一地兩檢本地立法等漫長的過程中，港府和港鐵一直在打防禦戰，說好聽點叫迎接挑戰。大功告成後，是時候由港鐵之前定位的策略性定位，變身戰略性思考，求得香港高鐵真正的成功。

對比鄭州成城，香港高鐵還要看更長遠些

在這裏可以講講鄭州的故事。鄭州是河南省會，在中國鐵路網中，鄭州是北上南下、東迎西就的中心樞紐。在原來準軍事化的鐵道部系統中，鄭州鐵路局是重點大局，也就是說鄭州這個城市，基本上是火車拉出來的。

別看河南古都眾多，鄭州在歷史上充其量只是一個無名小縣城。鄭州要謝的是晚清湖廣總督張之洞，是他一八八九年上書清廷，奏請開建北京盧溝橋經由河南至漢口的盧漢鐵路。而這條鐵路未經河南古都洛陽和開封，反而途經鄭州，在盧漢鐵路建成後，又有汴洛鐵路，兩條中國初期重要動脈交匯鄭州，鄭州迅即黃金萬兩，成為中原商埠，今天還成河南省會。

回望鄭州成城的故事，再聽一小段香港高鐵成型的跳躍。香港高鐵源自於港府、深圳和原中國鐵道部探討到廣州的新港深穗快線，報到今天的國家發改委，正好中共中央政治局要審議中國《中長期鐵路網規劃》，主管領導人立即建議，將香港這段納入規劃之中，終點放在北京，形成新的京港鐵路。

中國首部《中長期鐵路網規劃》，提出建設客運專線是一萬兩千公里、骨架是四縱四橫，香港得以納入規劃，但今天香港高鐵通車，進入的中國高鐵鐵路網已是兩萬五千公里、骨架是八縱八橫運輸網。

這兩個故事要說的是，高鐵的產出效益，要看客流、要看成本、更要看回報，但又不能拘於一時一月，甚至一季一年，可能要看更長遠些。所以港鐵說的策略項目，在中國內地叫戰略思考。

把國際旅客吸引成港高鐵的大客和常客

這種戰略思考，也可以叫做香港高鐵發展的長考，其中值得考量的課題多了。比如說，現在建制主流，都在提香港高鐵的融入，其實在這個階段，大不必提融入，不必你我一樣，親如一家，反而應強調對接，那就是你有不同我有不同，我們用最穩妥貼切的方式對接到一起，形成無縫服務。而在其中應盡量宣傳香港方面的優質服務和依法管理，這正是內地同胞最鍾意最需要的。

在以優質和有序的服務吸引內地同胞，強化對接之外，更應跳出。這跳出就是眼光不要太窄，不要把香港高鐵只看做連接內地的動脈，還要視為中國新開放的新南大門。最簡單，香港的觀光業學學郵輪吸客之術，把國際旅客吸引成香港高鐵的大客和常客，這事辦好，中央一定會笑，香港人也一定會樂。

香港的未來，不是躺在功勞簿上就可以安然度過的

阮紀宏

在改革開放四十週年之際，國家最高領導人以一種前所未有的方式，表揚香港同胞對國家的貢獻，並提出新的希望。最突出的一個說法是，習近平開宗明義說，在國家繼續改革開放的進程中，「香港仍然具有不可替代的作用」。這是對繼續實行「一國兩制」方針的最大定心丸。香港過去由於有特殊貢獻而得到特殊優惠，是在「吃老本」，今後在未有新貢獻前還要求特殊待遇，則是「支上期」，現在中央對香港還是「老本上期」全部支付，以後呢？

香港同胞一直以來都受到特殊對待，鄧小平曾多次單獨接見多位香港的知名人士，香港每年都有國慶觀禮團，香港的人大代表與政協委員的人數與比例也是全國最高的，這些都招來內地其他省市另眼相看。然而，以「慶祝國家改革開放四十週年訪問團」的高規格形式到北京，受到國家最高領導人會見，並且跟領導人「共進午餐」，則是破天荒第一回。香港得到特殊款待，是香港同胞做出過特殊的貢獻，可以「吃老本」，問題是這個老本能吃到什麼時候？

習近平對香港做出的貢獻如數家珍，「在國家改革開放進程中，港澳所處的地位是獨特的，港澳同胞所作出的貢獻是重大的，所發揮的作用是不可替代的」，他還具體講到投資興業和捐資助學的活動。

這些貢獻，香港各界真的是當之無愧，當內地連合資法律都沒有的時候，香港商人「敢為人先」的去跟北京市革命委員會領取合資企業證，如果從字面上理解，革委會是要革資本家的命的；及後還有各種各樣的第一個、第一次，不但是商業投資，內地什麼時候水災，事件發生翌日香港就有人發動捐款，內地的希望工程，相信捐款最大比例來自香港。據此，香港同胞無論走到內地任何一個角落，都會受到歡迎，無論對什麼問題發表一些看法，都會受到尊重。

當國家缺乏資金的時候，香港的作用是不可替代的，但國家現在不缺資金了。當內地企業缺乏管理人才，甚至是習近平提到的城市管理經驗，香港都起到了不可替代的作用，但內地對此不像過去般有所需求。這時候，香港同胞給內地人一個逐漸變差的形象，動輒向中央要求特殊對待和優惠，問題是香港還有不可替代的作用作為籌碼嗎？

中國人從來都不是這麼功利，所謂滴水之恩湧泉相報，習近平以這種規格接待一個這麼龐大的訪問團，還說充分肯定香港同胞的特殊貢獻，並說香港仍然具有特殊的地位和優勢，仍然可以發揮不可替代的作用，不知道有多少成分是出於穩定人心？但從習近平對香港提出的新希望看，則是實實在在的。

有關香港融入國家發展大局，建設粵港澳大灣區和抓住一帶一路的機遇等等，都是一貫的說法；香港加快建設國際創新科技中心，也並非新的任務，只是在這些希望前加了「更加積極主動」的要求。比較新的提法是：「香港、澳門回歸祖國後，已納入國家治理體系」，所以需要「更加積極主動參與國家治理實踐」，香港如何參與國家治理實踐，老百姓不知道如何做，相信特區政府官員更加不懂得從何入手。

習近平給出的「完善特別行政區同憲法和《基本法》實施相關的制度和機制」，是否隱晦地要求二十三條立法，見仁見智，但「大家要關心國家發展全局，積極參與國家經濟、政治、文化、社會、生態文明建設」，則是每一個市民都需要心中有數的。

這就是香港的「新優勢、新作用、新發展和新貢獻」，過去香港以獨特的條件起到了獨特的作用，現在還可以憑藉貢獻享受特殊待遇，過去的貢獻是否已經「還清」，不會有官員去給你算這筆賬，現在中央把話放出來，說香港還有不可替代的作用，既是勉勵，也是要求，同時給了香港一個特殊的地位去「支上期」，可以以這個名義繼續要求一些優惠，但如果長時間看不到成績，是否能夠繼續「支上期」就很難說了。

不過，即使如此，現在香港提出一些過分的要求，比如要求在大灣區內可以使用外國的社交媒體，甚至是整個大灣區都實行港人港稅，就超出了「支上期」的範疇。提出特殊待遇要看誰來付帳，中央買單可以，如果是要廣東省買單，則可能是非分之想。

香港的未來，不是躺在功勞簿上就可以安然度過的，如果未能做到國家所寄望的新貢獻，到了改革開放五十週年，就不可能有同樣規格的對待了。

香港若想在中美亂局中殺出血路，先釐清幾個誤區

雷鼎鳴

二零一八年及二零一九年，香港和中國內地經濟的焦點都會是中美貿易戰及科技戰。年終為香港經濟盤點之際，與其流水賬般把各經濟領域都討論一下，不如探索香港如何可在充滿不確定性的亂局中殺出血路。貿易戰仍是港人最關注的領域，我們對此應先有一些基本的認知。

第一，貿易戰對細小的經濟體影響極大，但大國資源豐富得多，國內不同地區之間亦可分工與相互貿易，調整能力強大，貿易戰所能帶來的損失也少得多。中美都是大國，對貿易戰都有很強的承受力，所以都能長期抗戰，貿易衝突反而不會輕易停下來，香港夾在中美之間，最好有長期調整的準備。

第二，近年熱門話題「修昔底德陷阱」所涉及的因素確有存在，中美之間能否互讓，從而避免更大的衝突，無人能準確預知，貿易戰也許只是前奏，港人過去幾十年面對的國際環境較為和平，現在則必須調整心態，隨時要作出果斷的重大改變。

香港是一個重要的轉口貿易港，轉口貿易總量是香港 GDP 的三四倍，香港為此提供的出入口及物流業服務也支撐着香港四分之一的 GDP。中美貿易戰可能對轉口貿易有負面影響，但貿易戰開打以來，中

國的貿易總量卻繼續上升，美國對華的逆差亦無減少，二零一八年可能達到四千億美元，高於二零一七年的三千七百五十億，路經香港的貨物量並未萎縮。但近日有美國政客提出要取消香港獨立關稅區的地位，此建議倒是引起部分港人的慌張。

美國對香港關稅的威脅性，微不足道。香港一向是世上最自由的貿易區，幾乎是零關稅。假設美國向香港本地的產品徵收關稅，香港有多大損失？

倘若在一九八三年聯繫匯率實施之初大幅向港徵稅，香港會重傷，那時香港本地商品出口到美國的，佔了當時GDP的百分之二十一點三，但時移世易，香港的出口近百分之九十九都只是轉口，真正本地產品出口到美國的，在二零一七年，只有三十四億六千五百萬港元（折合約四億四千三百萬美元），僅佔GDP的百分之零點一三，美國對香港關稅帶來的損失七除八扣後，不會超過十億港元，微不足道。

三十多年間世界已變，滄海桑田，有些人還以為香港的出口很倚賴美國，所以一聽見別人炒作獨立關稅區，便大驚小怪。不過，此事倒提醒我們，美國已不再是低風險的出口目的地。「一帶一路」國家今天的市場規模遠不如歐美，但倘若它們能與世界市場融合，其經濟增長的速度會遠超歐美，一些非洲國家模仿了港人在珠三角創下的工業模式，近年GDP大幅增長，部分有遠見的港商已移師至這些地方，在中美貿易戰的陰霾下，港人更需到「一帶一路」國家當開荒牛，重演當年在珠三角創業的光輝事蹟。

貿易戰以外，華為孟晚舟事件顯示，科技戰已經打響。科技戰的關鍵是資金與人才，但中國投放到科研的資金近年不算短缺，所以最重要的因素是人才。香港可做什麼？先看看內地情況。

二零一七年，中國在校研究生人數是二百六十四萬人，當年畢業的是五十八萬人，本科與專科的畢業生七百三十六萬人，出國留學生六十點八萬人，學成回國四十點一萬人。三千多萬的中國高等院校在校人數已超過歐洲與美國的總和。但在科技領域，我們應把注意力放在研究生與學成回國的人身上，並問香港可以有什麼貢獻。

二零一七年五十八萬的研究生畢業生當中，只有五點八萬是博士畢業生，這對提供教育超過三千萬名在讀的高等院校學生的師資是遠遠不足的，更遑論多數的博士不一定在校教書。香港不少院校在國際排名上頗有成績，應大幅擴大博士生的招生人數，特別是培養更多的科技人才。

香港科技大學正在廣州附近慶盛高鐵站旁籌建面積比香港校園大一倍、經費由廣州市政府包起的分校，開始時只招收研究生，便是在這方向走出的一大步，香港的大專院校在此事上還有很大的發展空間。但不論內地或是香港培養人才，都脱離不了吸納更多的海外人才參與工作，香港在過去做了不少工作，但仍未足夠。

只要看看數據，便知道香港的機遇不少。從一九八五至二零一七年，中國出國留學生人數累計有五百零三萬人，學成回國的累計三百零八萬人，回國比例百分之六十一點二。但因近年出國及回國的人數都迅猛上升，上述數據並未能充分反映近況，若以近年回國的人數與早幾年出國的人數相比，回國率其實已超過百分之九十。

現在中國已進入人才回流期，再加上特朗普政府對中國留美學者及學生懷有防範之心，甚至有人提出要炒掉所有參加過內地「千人計劃」的學者，將來有意離美的華裔科技人才可能很多。美國科技很大程度地倚靠華裔與印度裔的科學家，華人大幅回流對美國科技界是噩夢，但對中國卻是好事。

香港具優勢吸引科技人才。不過，在外國居留時間長的科技人才，不一定容易適應中國的生活，香港在這方面倒是有不少優勢，應創造條件，加快吸引他們到港工作，這對香港及內地的高科技發展都有好處。

大國博弈·香港·司法改革

邱立本

沒有人想到，香港內部的法律爭議會成為中美大國博弈的一個籌碼。外交是內政的延長，香港的政治風暴與當前中美的競爭都有微妙的關係。特朗普已經放話，說要在二零一九年六月二十八至二十九日的大阪二十國集團峰會上與習近平討論。一個城市的內部事務，成為中美峰會的議題。

這當然不是中方可以接受的「干涉內政」，就好像美國內部的校園濫殺與禁槍爭辯，不會成為中美峰會的議題，中方沒有任何理由去干預美國是否應該控槍，即便在一宗校園濫殺案中，出現中國人的受害者。

但美國對香港事務的干預，和它在全球對所有國家內部事務的干預，都基於它的強勢與龐大的國力，從經濟、軍事到文化，都可以發揮硬實力與軟實力的夾擊。連美國的「母國」英國最近的保守黨內部黨魁選舉，特朗普也罕見地公然支持前外相約翰遜，引起英國輿論的反彈，指責這是干預英國的內政。但這是國際關係的政治現實。一國的強大國力，可以不斷影響別國發展的軌跡。

因而香港最近的風暴出現不少警惕的聲音，認為要警惕美國勢力的「顏色革命」，就像當年美國在東歐與前蘇聯共和國的滲透，可以動搖一個政權，這肯定必須放到陽光之下檢驗，中國也對此非常緊張。不過一個硬幣也有兩面，香港的風暴可以說是「物必先腐而後蟲生」，如果自己的政治軀體健全，又怎會被外面的「顏色」所污染？

而政治軀體的脆弱，在於很多香港人害怕中國司法制度不公平，在程序正義與實質正義方面，長期以來都有很多為人詬病之處，尤其香港的商界，不少都對公安介入商業糾紛、司法糾紛、被背後的黨政力量「未審先判，未判先決」，都有不可抹去的負面經驗。

因而這次香港特首林鄭月娥最後一百八十度大轉彎，暫緩修訂《逃犯條例》，背後的一股關鍵力量，就是沒有獲得商界全力支持；商界表面上礙於中央的情面，虛與委蛇，但很多商人骨子裏卻是不希望通過修例，以免籠罩在司法不公的陰影裏。

中國的改革派認為，這也許是中國司法改革的契機，讓香港的風暴倒逼中國的司法改革，確保程序正義與實質正義，重視透明化，尊重法律專才的專業意見，而不是永遠高度的泛政治化，缺乏透明度，讓司法在人民的心中缺乏公信力。

從更宏觀的角度來看，香港人可以公開抗拒，但十四億的中國人更期盼可以享有更好的司法保障。壞事可以變好事，這也是香港問題思考的突破，既要重視大國博弈的語境，也要超越大國博弈的考慮，回歸全體中國人的福祉，才是改革的終極關懷。

懸在香港頭上的「美國刀」，威脅力已不在

雷鼎鳴

莫乃光、郭榮鏗及陳方安生應美國國家安全委員會之邀赴美「匯報」他們版本的香港情況，坊間猜測，這是一些美國政客要為取消或重訂「美國—香港政策法」（United States-Hong Kong Policy Act）作準備。

這幾年來，美國深受「修昔底德陷阱」（指新大國的崛起必然會挑戰現存大國，而現存大國也會回應威脅，兩國戰爭在所難免的現象）的力量所影響，害怕失去一哥地位，圍堵中國、遏制中國的發展已日漸成形成為國策，倘若美國政府在經過成本效益的分析後，認為打壓香港有利於這國策，他們不會給香港什麼好果子吃，香港的法治、自由、人權等是否出問題，只能是藉口，不會左右到美國對其利益的考慮。

改動或中止「政策法」是否對美國有利？

其實，美國的法治、自由、人權等狀況，在國際排名上甚至比不上香港，但這是無關宏旨的，只要

找一些人唱衰香港便可。港人在中美角力中處於夾縫間，避無可避，對美國的政策要有最壞的預想，才可作出最佳的應對。但話說回來，改動或中止上述的「政策法」是否對美國有利？恐又未必。

「政策法」在一九九二年出爐，主要內容是承認中英聯合聲明，視香港為與大陸不同的地區，承認香港的護照，也把香港當作獨立關稅區。但是，如果美國政府認為香港「一國兩制」走了樣，總統有權中止此法。換言之，如果美國認為打壓香港有利於遏制大陸，便可通過取消此法來打擊香港，打擊的手段主要是不承認香港為獨立關稅區。

取消香港獨立關稅區的地位可帶來兩大後果

中央政府一直反對美國這條法案，認為這是美國在干預香港的事務。以中止一條中央政府反對的法案來遏制中國，邏輯上難以起到脅逼中國的作用。但從香港的角度看，撤去這條法案，又是否真的能使香港吃不消？取消香港獨立關稅區的地位可帶來兩大後果。

第一，香港出口到美國的貨品會被當作是大陸貨，有可能要加關稅。此事若在一九九二年立此法時出現，的確有些威脅力，那時香港本地產品出口到美國的總值是六百四十六億港元，佔當年GDP的百分之八點二九。但在二零一七年，香港與美國貿易已主要是轉口，自己產品出口到美國的，只有三十四點七億港元，佔當年GDP低至百分之零點一三，美國就算對港貨加關稅，香港的總體損失也不過是幾億元而已，毫無威脅力！

第二，美國對香港及大陸一視同仁，某些與國防或敏感科技有關的產品以後禁止輸港。美國既然已大有可能與中國展開科技戰，香港怎麼還可指望美國對港不加諸任何限制？有沒有「美港政策法」，都是如此，美國輸港的科技有限。

由此可見，這條法案已無甚意義，成了美國的雞肋。美國立這條法的原意，也許是視它為懸在香港頭上的一把刀，香港若不順美國的旨意，刀便會掉下來，但若是真的撤銷了此法，便等於刀已經掉下，那麼威脅力也不再存在，美國反而變得被動，香港政府更不用理會美國對港說三道四。若中美進一步鬧翻，魚死網破，中國還可順勢把美國在港的勢力連根拔起，不用再顧忌。

若打擊港元的匯率，美國可能會有金融危機

「美國—香港政策法」在今天的條件下已無多大的意義，廢與不廢都不重要，但也許美國可用獨立關稅區以外的手段威脅香港，例如打擊香港的金融服務業。但這恐怕也只會是搬起石頭打自己的腳，美國及其他西方國家一直希望中國能更開放金融市場，使它們能分一杯羹，這也是中美貿易談判重點之一。香港的金融服務業今天正是西方金融界進入中國市場的通道，摧毀了它，對西方國家無好處，而且美國不要香港的金融服務，不等於別人不要，美國就算積極游説別國參與打擊，作用也不大。

打擊港元的聯繫匯率又如何？港元並非普通的法定貨幣，而是背後有美元儲備支持的貨幣。流通的鈔票有百分百的支持，香港總外匯儲備共三點三九萬億，是總貨幣量 M3 的百分之四十六，也是貨幣基

礎的二倍，美國如果不舉國用上洪荒之力，很難沖垮港元，而且港元與美元掛鈎及用美元作儲備，有利美國，若是胡搞一通，美國及世界都會有金融危機爆發，美國不敢這樣做。倘若真的做了，港元可能便與人民幣掛鈎，也沒有大礙。

香港社會正在吃英殖時期留下的法律苦果

陳建強

香港小學教師泄露小一面試試題案，四名被告「不誠實取用電腦」罪名不成立。律政司因不服，上訴終審法院但被一致駁回，並將「取用電腦」定義為「使用他人電腦」。一舉廢棄這條沿用了二十六年的「萬能Key」，準確描述案件的嚴重性和堵塞其法律漏洞，但卻易讓被告獲撤控而被「放生」，背離公義！

「不誠實取用電腦罪」早於回歸前的一九九三年制訂，當年的立法原意是為了打擊黑客入侵電腦犯罪，與偷拍偷窺或網上恐嚇詐騙等罪行扯不上關係。

由於科技將飛躍發展，為免檢控工作受到局限或需要不停修訂，港英政府故意預先留白，又不作明確定義，令法例原地踏步甚至滯後，與社會實況和犯罪模式落差拉大，適用範疇亦延伸到「有犯罪或不誠實意圖而取用電腦」的行為，包括網上恐嚇詐騙、非法入侵電腦系統等科技罪行，鼓吹或教唆他人進行非法活動，以致「佔中」期間在網上公開警員個人資料，以及透過使用電腦干犯的其他罪行等，成為「包山包海」的檢控「萬能Key」。

近年來，律政司慣常以這條「萬能Key」去檢控一些表面證據單薄但背後意義重大的涉嫌違法行為，律政司既已終極敗訴，必須重新審視其他的多宗類似案件，其中一宗亦在上庭時臨時被撤回，往後會否出現「骨牌」效應？對涉案各持份方是否公平？都有待觀察，亦易引發爭議。

對於「萬能 Key」在有心理準備但沒有修法準備的情況下，猝然被廢武功，本人有幾點想法：

第一，在現代化的社會裏，法治被寄託了無限的希望，承載了超越三權體制（即行政、立法、司法）的管治重任，哪裏出現了矛盾爭拗，就想到交由法律和法院去釐清是非黑白；哪裏有紛爭困難，就想借助法治力量去平息緩解。特別是行政立法有摩擦和社會有重大爭議時，獨立的司法體系更可發揮「定海神針」的穩定作用。

法治「包搞掂」已成神話般「社會共識」，但在多元觀點和多元利益的氛圍下，每宗個案的情況截然不同，一條法例如何控百罪？是有人因陋就簡貪方便，還是現代版「白馬非馬論」屬無上真理？更重要的是擺脫對「萬能 Key」的依賴。

第二，由於制訂法例時，仍沒有智能手機，究竟條例中所指的電腦是否包括智能手機，終院以今次爭議不涉及電腦定義為由，不予解釋。案件因而在「還原」立法原意時，不但縮窄了律政司的檢控範圍，還留下了一些灰色地帶。

第三，取用電腦只是手段，最終的行動必然涉及犯事的企圖，故可以改由其他控罪代替，單是偷拍便可改控「有違公德」、「遊蕩」、「行為不檢」等罪名，不存在法律空隙；若是以公共電腦散播失實消息，仍可繼續以「不誠實取用電腦」作檢控，不受終院裁決影響。

第四，實行「萬能Key」已逾四分一個世紀，一旦撤控就變相「放生」，一旦轉用其他控罪，也有風險和代價，包括可能因選錯控罪，令訴訟由勝轉敗；獲准上訴的個案宗數增加，既加重律政司的檢控負擔，亦增加敗訴的風險，招惹民怨。事實上，由於過往不少此罪的定罪案件涉及使用自己電腦，判決勢掀起翻案潮，亦出現法律漏洞，例如在私人地方偷拍的罪行無罪可告。

第五，律政司和保安局有責任打擊罪行，但這宗裁決反映出來的，卻是他們沒有恰當地檢討法例，使之與時並進。其實，當局無休止地取用已訂立了二十六年的法例，應對往後出現的萬變罪行，在實踐上是不現實的。當局研究其適用範疇，為各種情況擬定清晰定義，減免公眾誤墮法網，亦可令執法工作的理據更加充實。

第六，由「不誠實取用電腦罪」到近來的《逃犯條例》修訂，反映當局的修法理念良好，但在操作和程序上卻有欠周全，反給社會帶來混亂。同時，「三權」之間應秉持「有所為、有所不為」的原則，在調整社會關係的限度和邊界時，更不應偏執地以「隔岸觀火」作為「獨立自主」的體現。

第七，在法治萬能主義下的泛法治化，難免導致一些法律不能實現或實施，成為任填數碼的「法律空白支票」，輕者令公眾對法治失望、對法律不信任；重者則會令法律和法治受到責備，成為「代罪黑羊」，揹上「無能」惡名，侵損法治的應有權威。

第八，以一己利益凌駕社會福祉，向來是代議制度中，政黨和政客所要面對的極大誘惑。然而，選民並非愚民，他們縱或被騙，但終會認清政客的真面目，在下次選舉中擇優逐劣。

迎向一個從陌生到熟悉的世界

邱立本

我們不是香港人，也不是廣州人，也不是深圳人……我們都是大灣區人。這是中國提出的大灣區概念與實踐，讓廣東九個城市和香港、澳門結合，成為一個全新的平台，凝聚更多的人才與物流，打造硅谷與華爾街結合的新模式。

這也是世界史上罕見的模式，讓全球最有動力的城市群，譜出新的戀曲。近七千萬的人口，比英國人口還要多，可以成就一個全球第十一大的經濟體，創造前所未有的動力與財富。

這也因為香港和廣東其他城市關係的變化，尤其是珠三角地區，這些年出現了翻天覆地的變局。那些過去只是勞動密集的工廠，現在很多都快速升段為高新科技的產業園。東莞的華為總部，最近由於華為被美國抵制，蜚聲中外，很多國際記者第一次來到這個像歐洲城堡的公司，採訪任正非，赫然驚艷，被這裏的環境與規模所嚇倒，被這家在全球僱用十八萬名員工的企業鎮住。

但更多的驚艷其實是深圳的高新科技勢力。騰訊的微信和延伸產品，早已在全球發揮力量，滲透到歐洲、北美、亞洲、非洲與拉美各地。深圳的大疆無人機，佔了全球市場的七成份額。華大基因，在全球排名位於先列，在基因工程上迭有突破。商湯科技，在人臉識別上也是領先群雄，在抓捕罪犯上屢建奇功。這使得深圳南山區的人均 GDP 比香港還要高。

但這都是很多香港人感到陌生的世界。他們不知道僅僅在香港附近方圓幾十里內，就有不少世界第一流的企業，在全球發揮巨大的影響力。這打破了他們對深圳與珠三角的刻板印象。他們長期以來總是以一個俯視的眼光來看珠三角，覺得這是一個賣假貨和翻版影帶、按摩、嫖妓的藏污納垢之地，但最新的發展卻顛覆了長期以來的認知，覺得難以置信。

這也是很多西方人對大灣區的看法。他們認為這都不可置信，直到他們看見華為 5G 的實力，看到特朗普如此拼命的圍堵，才發現大灣區的實力被低估。

但香港人也在大灣區發現他們本來熟悉的世界，因為這兒都是大部分香港人的故鄉。廣州、番禺、佛山、東莞、肇慶、江門、開平、台山、惠東、惠州等地，都是很多香港人的原鄉。人只有回到原鄉，血液才會沸騰，才會在父輩祖輩之地，發現自己的文化根源。

這也客觀上破解了「港獨」的套路。近年在香港校園興起的「港獨」論述，就想用香港特色來建構一套「香港民族獨立建國」的理論，但這其實是一個脫離現實的「想像共同體」。一旦他們進入大灣區的世界，一旦他們回到父輩的故鄉，就會發現那些「港獨理論家」的虛妄。無論是語言、文化和歷史的淵源，香港都是中華民族不可或缺的一環，也都是大灣區的一環。香港人從陌生到熟悉，重新發現躲在自己傲慢與偏見背後的心靈風景。

折騰了二十一年，香港未來的發展方向重新定調

周八駿

二零一九年二月十八日，北京公布《粵港澳大灣區發展規劃綱要》，為香港實踐「一國兩制」開啟新階段，也為香港經濟社會發展打開新天地。

有人會詰問：二零一八年八月十五日粵港澳大灣區建設領導小組第一次全體會議不是已經標誌大灣區建設啟動？

回答是：大灣區建設的確從粵港澳大灣區建設領導小組第一次全體會議開始，但是，對香港實踐「一國兩制」和經濟社會發展具開啟意義的，是公布《粵港澳大灣區發展規劃綱要》。

第一，香港、澳門、廣州、深圳在大灣區的定位，是由《粵港澳大灣區發展規劃綱要》確立的。香港被定位為大灣區四個中心城市之一，主要是鞏固和提升作為國際金融、航運、貿易中心和國際航空樞紐的地位，推動金融、商貿、物流、專業服務等向高端高增值方向發展，大力發展創新及科技產業，建設亞太區國際法律及爭議解決服務中心。

這是一幅關於香港經濟社會發展的完整藍圖——既推動傳統支柱產業金融、商貿、物流、專業服務

升級，又拓展創新科技和國際法律及爭議解決服務中心等新興產業。香港特別行政區成立以來經濟社會發展方向問題折騰了二十一年，終於由中央頂層設計幫助解決。

第二，儘管在法律上香港特別行政區實踐「一國兩制」，以「一國」為前提和基礎，但是，只要尚未融入國家發展大局，香港社會就有不少人視香港「一制」在「一國」之外。經濟是基礎，政治是經濟的集中表現。這是至理名言。《粵港澳大灣區發展規劃綱要》明確要求粵港澳三地逐步實現規則對接，否則，不可能建成大灣區。

可以預言，隨着香港同廣東推進規則對接，即使一些人主觀上不樂意，但是，香港融入大灣區的客觀事實必定改變香港社會主流觀點，「一國兩制」在香港繼續實踐也就自然以「一國」為前提和基礎。

在中央公布粵港澳大灣區規劃綱要前，一月二十九日，廣東省發展和改革委員會主任葛長偉向媒體披露了關於粵港澳大灣區建設的最新動向，指出粵港澳大灣區將分三步走，第一階段到二零二零年，打基礎；第二階段到二零二二年，基本形成三地規則對接；第三階段到二零三五年，全面建成國際一流灣區。

其中，二零二零年至二零二二年第二步至為重要。亦即是說，香港特別行政區現屆政府在餘下任期將要引領香港同廣東澳門基本實現規則對接。這就回答了本文題目的問題——香港只有主動與粵澳規則對接，才能融入大灣區。

使命確定，困難如山。在「一國兩制」基本框架下，各項具體規則從明顯差異到對接，首先要求香港大多數居民認同國家。然而，特區政府正在為落實《國歌法》制訂香港本地法律，卻遭到反對派阻撓。甚至香港公立醫院超負荷現象，也被歸咎於內地經單程證渠道前來香港定居的新移民，指責他們同香港已有居民搶公共醫療資源。所以，特區政府必須改變政府不介入社會爭議的立場，主動引導香港居民樹立關於國家和內地同胞的正確觀點。

具體規則對接，以有利於商品、服務、資金和人員在大灣區自由流動為出發點和落腳點。十多年來，在香港與內地建立更緊密經貿關係的安排（CEPA）框架下，香港與內地已實現商品貿易自由化和基本實現服務貿易自由化。深港通已在探索資金流動自由化。只要國家堅定推進人民幣充分可兌換和國際化，上海建成國際金融中心，那麼，大灣區資金自由流動指日可待。

最困難的，是人員自由流動。粵澳已實現「兩地一檢」，香港必須盡快跟上。從「一地兩檢」到「兩地一檢」，技術上沒有困難，關鍵在於對內地有關當局是否信任。其實，對於已然出入內地的香港居民來說，他們的個人信息對於內地有關當局已無秘密。對於那些從未涉足內地也不打算涉足內地的香港居民來說，「一地兩檢」抑或「兩地一檢」毫不相干。所以，是否信任內地有關當局，只是一個心理問題。特區政府應當引導那部分香港居民克服。

「生活之樹常青，理論是灰色的。」粵港澳三地在「一國兩制」下形成規則對接，是一個嶄新理論課題，更是一項開創性事業。所謂「嶄新理論課題」，是指沒有權威人士曾經預見而提供論述。所謂「開創性事業」，是指我們不能因為沒有權威人士給予理論指引而不敢實踐。敢於探索，是香港融入大灣區不可或缺的精神。

誰會侮辱國歌？

楊志剛

「起來！」是國歌起點；「進！」是國歌終點。這三個字道盡中國人兩百年來的經歷，是傳播史上含意量密度最高的文字。我們從西方列強炮火下的灰燼爬起來，一九四九年在艱苦中站起來，在改革開放中勤奮地富起來，在韜光養晦中紮紮實實地穩起來；今天我們平和而堅定地強起來，然後我們會在綠色生活和不斷推動自由民主人權中美麗起來。歷史進程自有其步伐，精彩有序。

三個字道盡中國人兩百年經歷

沒有人民，何來國家。國歌是中國人的歌、香港人的歌。香港人是這三個字的親歷者，是從爬起來到美麗起來的參與者、貢獻者、受益者、承傳者。這三個字濃縮了中國近代史，亦濃縮了香港近代史。國歌是我們的歌。

國歌初稿的結尾原是「前進！前進！前進！」但三個不斷「前進」的氣勢豈能煞停。作曲家聶耳於是神來一筆，在原詞的三個「前進」後加了一個「進」字。單獨一個「進」字，沒有之前，沒有之後，自成永恆，是國歌的完結，卻非前進的終結。將旋律和歌詞所表達的不斷前進開拓成為無限，是傳播史上發揮得最意境無盡的一個字。

香港是列強炮火的第一個獵取物。「今大皇帝准將香港一島給予大英國君主暨嗣後世襲主位者常遠據守主掌任便立法治理」。這是一八四二年簽署的《南京條約》原文，是中國近代史第一份不平等條約，主角是香港。

今天看來幾乎是事不關己的歷史冷知識，回首當年是驚天大新聞。一旦用「今日新聞」的思維去重讀這則條約，才驀然驚覺事件的震撼。當年港人突然從報章看到我們這個溫馨家園美麗小島已被「給予大英國君主」，會有何反應？把「香港一島」給予外邦，像是交出一件死物，無視島上人民意願。如果發生在今天，建制派和非建制派定必同仇敵愾，磚頭和刀棍齊出，誓死守護我城。

當年中國人民確實誓死不屈。鴉片戰爭時英國一名海軍艦長寫下侵華回憶錄，筆者節譯如下：

> 「我看見很多老人、婦女和小孩都互相割斷喉嚨死去，還有大批的人投河自盡……我在一所房子看見二十具屍體，全部是婦女。幾乎每隔一座房子就有自殺的人。我看到很多不幸的婦女，其中有些婦女長得很漂亮，衣著各有不同。其中兩名顯然是出身名門的淑女，面上塗滿黑灰以掩蓋她們的美麗，但這種偽裝逃不過好色之徒的眼睛……即使是鐵石心腸、閱歷最老、以殺人盜劫為生的人，看到這樣悲慘的景象，也難以無動於衷。」（註）

註：Granville Gower Loch (2013), *The Closing Events of the Campaign in China: The Operations in the Yang-Tze-Kiang and Treaty of Nanking*. Cambridge University Press.

這名英國軍官寫的是南京——這座因屢遭外邦蹂躪，因為大屠殺、烈士陵墓而聞名的古城。但人民的哭泣，豈止南京。

當年英軍初時何不直取香港，而讓香港得以暫避炮火？這要感謝銷毀鴉片的民族英雄林則徐。他立下決心，不禁絕鴉片誓不回京。他預計到虎門銷煙定必導致英國軍事報復，於是一早便招攬英文翻譯，讀洋書以了解英國，洞悉其策略，並培訓精鋭之師和建設防禦工事，在廣東沿海一帶練兵佈防。英軍見林則徐軍紀嚴明士氣高昂，故此不敢來犯，避開廣東和香港而揮軍北上，直取福建和浙江，幾經轉戰後兵臨南京，最終清廷割地賠款交出香港。

林則徐是大英雄，其事跡值得香港青年了解。天安門人民英雄紀念碑基座八塊巨型漢白玉浮雕的第一塊，便是紀念林則徐虎門銷煙。共和國成立後最具象徵意義的紀念碑居然銘記了一名前清大臣，足證林則徐功勳和其品格高尚。香港沒有忘記他。大學時代我多次作義工前往石鼓洲戒毒所工作，在島上驀然見到供奉林則徐的小亭，讓我有機會憑弔這位中華英雄。今天島上的林則徐紀念亭是舊亭新建。石鼓洲今天仍然是禁區，理應適度開放，讓更多學生可前往參觀憑弔，作為歷史教育。

鴉片戰爭之前中國經濟全球第一，出口遠超進口，亦像今天一樣是世界最大市場。當時英國工業革命使之成為世界工廠，龐大的生產力需打入中國市場。但中國自給自足，其樂無窮，毋須英國貨。而英國卻需進口大量中國茶葉和絲綢等產品，造成英國難以承受的貿易逆差。今天美國用印鈔票和發國債來應付貿易逆差，成效不彰便打貿易戰；當年英國沒有今天的金融工具，大量給中國人餵鴉片就代替了印鈔和發國債，鴉片被禁便出兵。

今天我們經歷的一切是過去的延續。今天沒有鴉片戰爭，但來了芯片戰，我們還是要忍氣吞聲簽下不平等的城下之盟。中興通訊作為龍頭企業，輸了芯片戰，於是要和美國簽署和約，聽命於美國而改組董事局，讓美方人員長駐公司總部，有權獲取內部文件和資訊。這是二十一世紀的不平等條約。

加諸中國身上的各式各樣不平等條約和安排，從未停止。在國際間交流合作和合規安排上，包括科研、航空航天、海洋極地、金融經濟貿易文化等所有領域，對中國的排擠和壓制比比皆是。香港在英治時期發展了一套獨有的制度和文化，盡吸西方之長，並得國家眷顧，再加港人奮鬥，讓香港屢創奇跡；回歸後的一國兩制更使香港兼備中國和西方之長而盡得風流。反觀西方的不同民主制度深陷泥沼：英國脫歐公投突顯了群體決定的飄忽，叫英國以後都不敢輕言公投；美國的民主困局亦催人重新思考美國式民主的不足。香港的一國兩制加上中國模式的支撐，是近代政治學上少數成功的政治創新。

國歌絕非抗爭目標手法

由鴉片戰爭到新中國成立一百多年間，列強在中國土地進行的戰亂加上中國的內亂從未停息。換了他國，一百多年的動亂早已肢解了國家。今天國家能夠不倒，是奇跡；能夠富強，是史無前例。人民所受的傷痛亦是史無前例，但今天我們知道南京發生的一切不會在我們國土重演。

國家今天欣欣向榮，但局勢之嚴峻不亞當年。在邁向美麗中國和美麗香港的路途上我們只是剛剛起步，有太多不公義需我們發聲和抗議，有太多目標需我們奮鬥。值得我們抗爭的目標很多，手法選項亦多。但國歌絕非目標，亦非手法。它包涵了我們的傷痛、奮鬥、期盼和美麗。是我們的歌。明白了這點，誰會侮辱國歌？

港府暫緩「修例」風波的五點思考

陳建強

政府於二零一九年二月推出修訂《逃犯條例》，平白為香港製造了回歸以來最嚴峻的政治風波。面對民情反撲，政府態度一再放軟，繼宣布暫緩修例，再發致歉聲明，重申政府已停止修例工作，但緊繃的局勢並未完全消退，事態發展至今，已不再只是修例問題。令人關注的是，在「後佔中」時期，反對派在歷次博弈中，本已呈現節節敗退的頹態，香港的政治與社會氛圍亦已進入相對緩和期，再加上政府的「大和解」，但竟都不用半年便全面大逆轉，下一步將有何新變奏？有什麼需要反思的教訓？

「旺暴」亂而無果，主事者鋃鐺入獄、前途毀損，反對派的支持度大減，政情社情也漸趨緩和，但其原有支持者沉寂而未離散，對建制、特區政府和中央的敵意和不信任感也依然維持；再加上社會貧富分化、產業空心化和單一化，以及「三業」（學業、就業、置業）問題惡化，年輕人向上流動乏力化，因而令反對情緒猶如火藥引旁的一根火柴，一點即爆！

追源溯始，今次的《逃犯條例》風波，源於一九八二年中央宣布收回香港，英國由此大幅調整引渡條例的細則，並且將其視為區隔陸港的「防火牆」，以便預留空間供國際力量在港進行對華活動，而美英等國公然干預，早已彰示博弈迫在眉睫。至於香港反對派，早在法案審議委員會推選主席階段，已進行失智式封殺，亦反映出他們背負的任務何等沉重。可惜，有人知而不覺也沒感，未能及早因應，坐讓警訊危機變殺機，往後應如何作為？

第一，如此龐大的民意流轉，事前竟沒足夠訊息和因應，並且任由憂慮轉化為民怨和民憤，這是難以想像的。至於如此複雜艱澀的法律文件，號稱有逾百萬市民有相同的憂慮，令人質疑這只是遭洗腦式誤導的印象式反對，但勢令已嚴重分歧的香港社會更呈撕裂。需強調，在事件中摻上一腳的不相干力量，從沒有認真從香港的角度出發，理性而具建設性地為香港和港人福祉謀劃，一切都不過是借艇割禾，謀一己利益。當局還不做好情諮工作，任由其言行在港生根播種？

第二，回歸以來，建制和反對派陣營的博弈各有勝負，「二十三條立法」、「國民教育」、「普選」和今次的《逃犯條例》，都在反對派的壓力下無疾而終，但另外在「旺暴」、「宣誓 DQ」、議會補選和「一地兩檢」等議題上，則由建制壟斷，連帶將立法會的分組點票否決權也「整碗捧走」。建制雖擁權力和議席優勢，但卻是贏人未贏陣，摘草未除根，以致舊人雖去，「素人」輩出，敵我形勢不對稱，偶有輕忽，便易遭突襲，猝不及防，就讓煮熟的鴨子飛走了。這是需要認真吸取的經驗教訓。

第三，由「修法」變為「反中」，既突顯有人對內地司法制度的疑懼，更突顯他們對內地的抗拒，《逃犯條例》只是一個為拒中而拒中的藉口。但試問：一個殺人罪犯竟不必為他犯的罪刑付出任何代價，這符合社會公平正義嗎？香港一向以法治成熟而傲，但若因個別人士憂慮而淪為「逃犯天堂」，大家會開心嗎？相關案件的受害者及其家屬會安心嗎？

第四，港府推動修訂《逃犯條例》惹出這麼大風波，突顯中央對港實施全面管治權時，要對特區在施政期間所犯上的疵議疏失，要「連坐」式地分擔責任和善後處理，這易涉及「一國兩制」的分際，必須謹慎行事。

第五，在事件中參與有關激烈行為者，大都是年輕人，甚至只有十多歲的小朋友。家長或師長若以一己政治觀點，而強行將他們推上鬥爭最前線，這是非常不道德的，也是文明社會不會容許的，更是對社會和年輕人的戕害。

同時，若經「有心人」的煽惑鼓動，便會受其指使而化成對建制的怨氣，變成一股對社會有破壞作用的力量，而有份參與其中的年輕人，亦可能要付出沉重的代價，也可能會將他們逼入恐懼和無助的深淵，進行一場又一場絕望的抗爭。我想強調，若是一整代的年輕人從此走上了反社會的道路，把自己寶貴的青春都投放在不會有成效的鬥爭上，將令社會和年輕人承受不可能的重。

從長遠趨勢來看，內地在回歸初期對香港作出的「井水不犯河水」的管制態度，已因彼此的互作調整，以及因應國際力量參與而作出全新部署，港人需要認識這個新常態下的局限與機遇，尋求陸港共贏，才是出路。

後記

傲慢與偏見，絕不僅僅意味着簡．奧斯汀的那部世界名著，也是社會文化差異的代名詞。由於戀殖心態的延伸，加之對歷史中國的朦朧認識和對現實中國的無知，香港回歸二十二年以後，一些香港人與內地漸行漸遠。這離不開一群陰謀論者製造亂世之言，更離不開一些新聞媒體建構的虛假「幻象」。如今，必要有人勇敢地說出真相。

上世紀六、七十年代，香港大專界流行一股「認中關社」（認識中國，關心社會）的潮流。那個年代成長的香港大專生，未必懂得什麼是「紅歌」，更不一定知道《上甘嶺》這齣抗美援朝的電影，但這是他們認識祖國的起點。猶記上世紀七十年代初，在香港仔的一家戲院播放李小龍主演的《精武門》，那時這部戲已經放映一年有餘，當看到李小龍飾演的陳真凌空一腳踢碎寫着「狗與華人不能入內」的匾額時，全戲院的觀眾站起身鼓掌叫好，感動流淚。

再看今日香港社會上，聽到《中華人民共和國國歌》響起時，噓聲四起，打交叉手勢的年輕人比比皆是，東江縱隊老戰士羅志萍因聽到國歌時情之所至，從輪椅上站起身來，這一動作接連受到民主派議員的語言侮辱。他們完全不理解國歌中「血肉的長城」的含義。當年有人以戰爭結束、國歌過時為由，提議修改，周恩來總理反而認為，和平年代更要記住。當下愈演愈烈的中美貿易戰也印證了周總理當年的堅持是正確的，「落後就要挨打」的道理仍然適用，國歌永遠不會過時。

細心剖析，中國和香港，兩者是分不開的，香港、香港人的核心價值，其實是中國文化精神的發揮和延續。然而，隨着香港一躍成為「亞洲四小龍」，與經濟同步激增的還有那顆高傲的心，一種關於「我城」的自豪感和優越感，視內地人為社會發展相對落後的另一群體。語言是陰謀論者善用的工具，這一兩年來，出現了大量可歸類為「內港矛盾」的社會衝突，一群陰謀論者肆無忌憚地在社會掀起「排內思潮」。但香港人也愈來愈能看清偏激言論背後的真相：「一地兩檢」通關便利、港珠澳大橋帶來的經濟聯動、粵港澳大灣區規劃下的發展機遇等等。社會各界是否應該客觀一點，站在為國家、為香港好的高度，從高山看事情？怎樣做才是對國家、對香港最好的？

「中環一筆」香港評論小組由關心香港而起，因探討前路而聚，從二零一四年成立至今已有五年，這本書是集結出版的第六本評論文集。書的成功出版仰賴各位評論員筆耕不輟的鼎力相助，尤為感謝的是高柏資本控股集團主席盧業樑先生的出資支持。本書的作者來自不同業界，教育和專業背景相異，但他們同是香港真本土。傲慢衍生偏見，偏見助長傲慢。本書近六十篇時評，將會引領讀者了解真實的彼此，告別簡單的評判，放下固有的傲慢與偏見。

香港拒絕傲慢與偏見

作　　者：屈穎妍、阮紀宏、雷鼎鳴、邱立本、陳莊勤、潘麗瓊、
楊志剛、邵盧善、陳建強、何漢權、劉瀾昌、李　春、
周八駿、江　迅（排名不分先後）
出版經理：林瑞芳
責任編輯：蔡安娜　三　惑
封面設計：iStockphoto / 亞洲週刊美術部電腦合成
美術設計：百盛達
出　　版：明報出版社有限公司
發　　行：明報出版社有限公司
香港柴灣嘉業街 18 號
明報工業中心 A 座 15 樓
電　　話：2595 3215
傳　　真：2898 2646
網　　址：https://books.mingpao.com/
電子郵箱：mpp@mingpao.com
版　　次：二〇一九年七月初版
I S B N：978-988-8526-18-5
承　　印：美雅印刷製本有限公司